2020 年国外核工业与技术重大发展动向

中　国　核　学　会
中核战略规划研究总院　编
中国原子能科学研究院

中国原子能出版社

图书在版编目（CIP）数据

2020年国外核工业与技术重大发展动向 / 中国核学会，中核战略规划研究总院，中国原子能科学研究院编．—北京：中国原子能出版社，2021.5

ISBN 978-7-5221-1380-7

Ⅰ.①2… Ⅱ.①中… ②中… ③中… Ⅲ.①原子能工业－工业发展－研究－国外－2020 Ⅳ.①F416.23

中国版本图书馆CIP数据核字（2021）第091640号

2020年国外核工业与技术重大发展动向

出版发行 中国原子能出版社（北京市海淀区阜成路43号 100048）

责任编辑 胡晓彤

责任校对 冯莲凤

责任印制 潘玉玲

装帧设计 崔 彤

印 刷 北京金港印刷有限公司

开 本 787 mm×1092 mm 1/16

印 张 9 **字 数** 142千字

版 次 2021年5月第1版 2021年5月第1次印刷

书 号 ISBN 978-7-5221-1380-7 **定 价** **48.00元**

网址：http://www.aep.com.cn **E-mail：atomep123@126.com**

发行电话：010-68452845

《2020年国外核工业与技术重大发展动向》

编辑委员会

编辑部

前　言

我国国防和军队建设正站在新的历史起点上。党的十九大提出了实现国防和军队现代化的目标，为核工业发展指明了前进方向。核工业须贯彻瞄准世界科技前沿，强化基础研究，实现前瞻性基础研究、引领性原创成果重大突破，推动我国由核工业大国向核工业强国迈进。这要求我们应突出关键共性技术、前沿引领技术、现代工程技术、颠覆性技术创新，为将我国建设成为强大的创新型核工业大国提供有力支撑。

为及时准确了解和把握国外核工业发展态势，我们组织相关力量，持续开展国外核工业与技术重大发展动向研究。2020 年，聚焦核战略与核力量、核武器与核动力、核电与核燃料、核军控与防扩散、核技术应用六个领域，遴选出 33 个具有重大现实或潜在影响意义的专题，开展系统分析研究，形成《2020 年国外核工业与技术重大发展动向》报告，供有关部门领导和科研一线的同志们参考。

《2020 年国外核工业与技术重大发展动向》课题组

2020 年 12 月 29 日

目　　录

附表及插图

核战略与核政策篇

一、世界主要国家核力量发展

当前，世界核武器库存仍保持较大规模，美俄绝对优势依旧明显。美国大幅增加投入，全面推进“三位一体”核力量现代化；俄罗斯战略核力量现代化武器装备率已达 82%，高度重视核力量作战潜力；英法继续核武器装备更新换代；印度和巴基斯坦持续扩大核武库并提升实战能力。

1. 全球核武器库存略有下降，美俄绝对优势依旧明显

据斯德哥尔摩国际和平研究所报告：截至 2019 年 1 月，全球核武库约有 13 865 枚弹头，较 2018 年减少 615 枚。俄罗斯拥有 6 500 枚，美国拥有 6 185 枚，两国弹头之和占全球总数的 90%以上。除外，法国拥有 300 枚、英国拥有 200 枚、巴基斯坦拥有 150～160 枚、印度拥有 130～140 枚、以色列拥有 80～90 枚、朝鲜拥有 20～30 枚。报告特别指出，各有核国家均在进行核武器现代化；核弹头数量虽有减少，但现代化程度更高。

2. 美国全面推进“三位一体”核力量现代化

（1）美国最新核力量建设投入较 2017 年增长 25%

2019 年 1 月，美国国会预算办公室（CBO）发布《2019—2028 年美国核力量预算投入》报告，指出美国未来十年需要投入近 5 000 亿美元，用于核力量运行、维护和现代化，比 2017 版报告估算的 4 000 亿美元增长 25%（美国国会预算办公室两年评估一次未来十年核力量预算投入）。重点将开展如下工作：“民兵”-Ⅲ洲际弹道导弹维护升级和“陆基战略威慑”项目开发；海基核武器及其

运载系统维护升级和新一代“哥伦比亚”级战略核潜艇开发；空基核武器及其运载系统维护升级，以及新型轰炸机 B-21 和新一代空射巡航导弹开发；核指挥、控制、通信和早期预警系统维护和新系统开发；核弹头库存维护和现代化升级；铀钚氚锂等军用核材料的贮存、回收、生产，以及核军工能力与技术发展。

（2）重点核武器项目研制取得重大进展

首枚 W76-2 低当量核弹头生产完成。2019 年 2 月，美国国家核军工管理局（NNSA）宣布，首枚 W76-2 低当量核弹头生产完成。这标志着按照新版《核态势审议》报告的要求，低当量核弹头的研制正快速推进。W76-2 核弹头将于 2020 年 9 月装备“三叉戟”-Ⅱ D5 潜射弹道导弹。

B61-12 核航弹获生产授权。2019 年 10 月，B61-12 项目首批部件通过质量鉴定、获得生产授权。首枚 B61-12 将于 2020 年 3 月制造。B61-12 是 B61 系列 4 个型号的集成和升级，威力可调，可挂载于 F-15E、F-35A、B-2A、B-21 等战机上，满足不同作战任务需求。

“陆基战略威慑”（GBSD）系统再入飞行器项目合同授出。10 月，美国国防部宣布，洛克希德·马丁公司获得空军价值 1.08 亿美元的 Mk21A 再入飞行器合同。Mk21A 再入飞行器将用于美国新一代陆基战略导“陆基战略威慑”系统，美国新一代陆基战略装备的建设迈出实质性一步。

（3）持续发展核武器技术

通过“以科学为基础”的方法和手段推进库存核武器管理工作。2019 年 2 月，美国完成 Ediza 次临界实验，这是美国禁核试后公布的第 29 次次临界实验，也是首次安全性次临界实验。实验加深了对核武器初级安全性的理解，提高了核武库安全评估的置信度。

提升库存老化问题发现能力和预测能力。2019 年 10 月，美国核武器实验室透露的重要进展有：一是通过 Z 装置的钚实验对比了新钚和自然老化 52.5 年的钚在极端条件下的响应行为，为钚老化研究提供数据；二是改进了次级寿命评估模型，新模型缩短了运行时间并显著提高灵敏度；三是建立了弹上电池寿命预测模型。

3. 俄罗斯着力提升核装备现代化水平

(1) 俄罗斯核力量现代化取得重要成果

核力量现代化进程加快，战略核武器更新达82%。2019年3月，俄罗斯国防部长绍伊古称，俄军武器装备现代化率整体达到61.5%，其中核武器装备现代化率为82%。

运载工具的现代化进展顺利。陆基方面，新型战略导弹的部署加快，2019年共接收21枚“亚尔斯”导弹，计划到2026年，所有公路机动导弹全部换装“亚尔斯”。海基方面，2019年10月，“北风”A级战略核潜艇“弗拉基米尔大公”号成功试射了1枚“布拉瓦”潜射洲际导弹。俄国防部长称，“北风”A级核潜艇机动性能更高，隐身能力更强。空基方面，2019年，俄罗斯完成10架图-160战机的现代化工作，图-160M2的批量生产预计在2023年开始，每年生产3架，首批10架预计在2027年之前交付。

新型战略核武器研发取得重要进展。2019年2月，普京发布2019年国情咨文称，俄罗斯在发展新型武器方面取得突破性成果：“先锋”高超声速系统开始量产；“萨尔马特”洲际弹道导弹试验取得成功；“匕首”高超声速导弹系统开始试服役；“波塞冬”无人核潜航器开始海试，第1艘用于搭载“波塞冬”的“别尔哥罗德号”核潜艇已经下水，第2艘“哈巴罗夫斯克”号核潜艇将于2020年春季下水，“波塞冬”核动力巡航导弹的发射实验和地面试验都获得成功。此外，俄正在研制一种速度可达9马赫的高超声速核导弹“锆石”，部署后可补充现有核力量结构。

(2) 加强核“三位一体”作战能力

2019年10月15—17日，俄罗斯举行了冷战以来规模最大的“雷霆—2019”核武器装备实战演习，包括首次参演新一代陆基洲际弹道导弹“亚尔斯”在内，共发射16枚弹道导弹和巡航导弹。演习动用的装备涉及战略导弹部队的“亚尔斯”等弹道导弹发射器213具，“德尔塔”-Ⅲ和“德尔塔”-Ⅳ等5艘战略核潜艇，图-95MS等105架战机。演习场所覆盖了俄境内相关机场，各军区训练场，北方舰队以及巴伦支海、波罗的海、黑海、鄂霍次克海和里海的海上训练场。来自战略火箭兵、海军和空天军约1.2万名军事人员参演。

俄罗斯国防部称，演习全面测试了“三位一体”核打击力量的所有组成部分，全部导弹均击中目标，确认了装备的战技指标。俄此次演习向西方发出强烈核威慑信号，也体现了核武器在俄国家安全中不可动摇的地位。

4. 英法稳步进行核武器装备更新换代

(1) 英国继续建造新一代弹道导弹核潜艇并升级核导弹

2018年12月，英国国防部发布《英国未来核威慑力量》报告中称，未来10年，英国核力量体系的总支出将为509亿英镑，用于潜艇和核弹头的设计、生产、维护和运营以及保障核力量的人员及场所的费用等。其中“无畏”级新型潜艇研发费用为310亿英镑，将于21世纪30年代初服役，确保英国未来拥有可靠、独立和强有力的核威慑力量。2019年，英国继续参与美国主导的核武器延寿计划。“三叉戟”-Ⅱ D5导弹搭载的W76弹头将升级为最新的W76-1，原有的Mk4再入飞行器将更换为Mk4A，Mk4A再入体加入了新型解保、引信和起爆组件，瞄准目标能力更强。

(2) 法国开发新型核潜艇和空射巡航导弹

2019年1月，《原子科学家公报》称，2019—2023年法国政府将花费280亿美元用于核武库升级。法国已启动了SNLE 3G新型弹道导弹核潜艇的研制计划，首艇预计于2020年开工建造，2028年下水，2031年服役，替换“凯旋”级潜艇。4月，法国公布了新一代具备隐身和高超特点的ASN4G空射巡航导弹的技术细节，导弹采用超燃冲压发动机技术，预计速度可达8马赫，射程达1 000千米以上，计划2035年服役，并可能用于装备法国下一代战斗机。

5. 印巴扩大核武库并提升核威慑能力

(1) 印度打造“三位一体”核力量体系，注重实战能力

密集试射具有核能力的导弹。2018年年底，印度“烈火”-5导弹第7次试射成功，此次试射从裸弹试射改成了发射筒发射，显示了较高的完成度。2019年4月，可携带核弹头的“无畏”亚声速远程巡航导弹第6次试射宣告成功，导

弹在低于海拔 100 米的高度，以 0.7 马赫低飞并击中目标。印度计划将“无畏”导弹首先部署于海军战舰，最终将研发陆基、空基和潜射型版本。2019 年 11 月 16 日和 11 月 30 日晚，印度试射“烈火”-2、“烈火”-3 导弹，这是两型导弹列装后首次进行夜间发射，被认为具有较强的实战色彩。

积极推进海基核力量建设。2019 年 9 月，媒体公布了印度海军科技实验室的照片，照片中的一艘潜艇试验模型据信是“S-5”下一代战略核潜艇。印度宣布要建造 6 艘“歼敌者”级核潜艇，S-5 型核潜艇也列在其中（第 5 艘、第 6 艘），首艘 S-5 型预计最快将在 2030 年前后投入使用。

（2）巴基斯坦提升核武器运载能力

继续强化核武器研发，展现对印度的威慑态势。2019 年 11 月，巴基斯坦宣布试射了“沙欣”-1 型核导弹，成功展示了“可信的最低核威慑能力”，并称本次试射为夜间发射，目的是回击印度之前“烈火”-2 的夜间试射。此外，同月卫星照片显示，巴基斯坦正在扩建核基地，继续核材料生产能力。

（中核战略规划研究总院

审查专家：黄国俊、李景、康力新、诸旭辉）

二、拜登政府核战略走向分析

2020年11月8日，美国大选结果揭晓，乔·拜登当选。拜登在国会参议院任职36年，其间涉足军控、司法、外交领域，后在奥巴马政府担任8年副总统，在外交和国家安全方面有着丰富的政治经验。核战略上，拜登力主减少美国对核武器的依赖，明确核武器仅用于威慑核攻击，反对开发新型低威力核武器，坚定支持多边核军控。但拜登将继续推动战略核力量现代化，维持美国核力量绝对优势。

1. 降低核武器地位作用，重新审议核武器使用政策

降低核武器地位作用。特朗普政府提出核武器在慑止核与非核攻击、保护盟友安全、威胁失效时进行核反击、防范未来不确定性四个方面的作用。拜登已明确表态将延续奥巴马政府"无核武器世界"政策，将降低核武器在慑止非核攻击、防范未来不确定性等方面的作用。

重新审议核武器使用政策。拜登认为，鉴于美国在非核军事能力上的绝对优势，核武器的唯一作用将是慑止和反击核攻击，并在竞选期间多次表态支持"不首先使用"政策。但美军方一贯反对"不首先使用"政策，认为该政策不仅会降低美国在面临威胁时使用核武器的决心，还会削弱美国对盟友延伸威慑核保护的可信性。

2. 推进战略核力量现代化，取消低威力核武器研发

继续支持战略核力量全面现代化。美当前"三位一体"战略核力量全面现代化计划发轫于奥巴马政府。拜登承诺将维持强大、可信的核威慑力，任内将继续

推动战略核力量现代化计划，但在经费方面会更加务实。

取消海基低威力核武器研制计划。民主党一贯反对特朗普政府研发新型海基低威力核武器。拜登称，美国不需要新的核武器，在库存管理计划的支持下，目前的核武库足以满足威慑和联盟要求。奥巴马政府提出不开发新弹头、不对现有核武器增加新军事能力和作战任务的“三个不”政策，拜登任内或将延续该政策。

3. 支持国际主义，重塑多边核军控体系

拜登曾任参议院对外关系委员会主席，是一名坚定的自由国际主义者和军备控制支持者，其任内将力争在核军控问题上有所建树。

一是支持新 START 条约延期。作为时任美国副总统，拜登曾在参议院批准新 START 条约的过程中发挥了关键作用。拜登认为，新 START 条约有利于维护美俄间战略稳定，延期符合美国国家安全利益。可以预期，拜登任期内将无条件支持新 START 条约延期 5 年，并可能推动美俄新一轮削减战略武器条约谈判。

二是推动《全面禁止核试验条约》生效。民主党一贯支持《全面禁止核试验条约》，推动国会批约。拜登曾表示，美国进行的核试验比任何其他国家都多，并从中获取了充分的数据，推动条约生效符合美国国家安全利益。

三是重新加入伊核协议。拜登公开表态肯定伊核协议有效阻止了伊朗生产用于制造核武器的易裂变材料，指责特朗普政府在缺乏可行替代方案的前提下单方面退约，并承诺如果伊朗继续履约，美国将重新加入伊核协议。

四是主张分阶段实现朝鲜半岛无核化。拜登讽刺美朝首脑峰会是政治作秀，无法解决复杂的朝核问题，宣称任内将推动与朝鲜进行有原则的外交，分阶段实现朝鲜去核化进程。预计美朝关系将重回奥巴马时期的尖锐对立。

4. 影响分析

拜登核战略将在许多方面延续奥巴马时期的主张，具有一定积极意义，如减少对核武器的依赖、支持“不首先使用”政策、反对发展低威力核武器等。但必须看到的是，拜登政府推动战略核力量更新换代、确保美国核力量绝对优势的做

法不会改变。

当前，对华强硬已成为美国共识，拜登明确将中国定义为美国最大的竞争者，但不同于特朗普贬低对手的做法，拜登主张通过加强美国自身实力来赢得竞争。特朗普政府力主“三边核军控”，但既无具体方案，也未获广泛国际响应。而拜登政府将围绕战略安全、多边核军控形成一系列更加“务实”的主张，对我国构成更大挑战。拜登任内将重新审议美国核战略与核武库，需密切关注、加强情报分析。

（中核战略规划研究总院

审查专家：黄国俊、李景、康力新、诸旭辉）

三、特朗普政府核战略回顾

特朗普政府执政四年间，大幅调整并高调宣示核战略，积极推动核武器与基础设施改进更新，对核军控外交呈现消极姿态。

1. 大幅调整并高调宣示核战略

特朗普上台以来，美国国防部分别于2018年2月发布新版《核态势评估》报告、2019年4月发布《核威慑政策》文件、2019年6月发布新版《核作战》条令，以及2020年4月发布《核威慑：美国国防的基础和支撑》文件。在上述文件中提出美国核战略重心重回大国竞争，并将俄罗斯和中国列为首要核威胁国家，在竞争中强化核威慑作用。

明确核力量在美国国家安全战略中发挥四方面作用。一是慑止核与非核攻击（威慑）；二是保证盟国和伙伴安全（延伸威慑）；三是在威慑失败的情况下实现美国国家目标（核反击）；四是防范未来不确定性。

首次提出针对不同威胁的“定制威慑”核战略。其中针对中国的战略是：准备对中国发动的核与非核攻击做出坚决反应。一是举行军事演习，提升威慑战略的可信性；二是为总统制定分级核选项，对中国有限使用核武器进行应对；三是与中国就核政策、核学说、核能力展开对话。

扩大了核武器使用范围。首次明确以核武器应对针对美国及盟友的民众、基础设施、核指挥控制系统、网络、外空等非核攻击，降低了使用门槛。

2. 积极推动核武器与基础设施改进更新

全力确保核力量质量优势。2029年开始部署新一代陆基洲际弹道导弹，共部署400枚，替换现役“民兵”-Ⅲ导弹，并升级450个发射井和相关设施；2031年开始用12艘“哥伦比亚”级核潜艇逐步替代现役14艘“俄亥俄”级核潜艇，2020年启动“三叉戟”-Ⅱ D5潜射导弹的第二阶段延寿；2025年左右开始部署B-21轰炸机，并最终全部替换核常兼备的轰炸机，用现代化的“远程防区外导弹”替换老旧空射核巡航导弹；升级核指挥、控制、通信和预警系统；同步推进W76-2、B61-12、W80-4、W88改型370、W87-1、W93 G6型核弹头改造/现代化/新研制计划。

针对俄罗斯和中国进行核作战部署，增加在欧洲、亚太地区的“前沿抵近”核打击选项。海基低威力潜射弹道导弹弹头已开始部署，完成了B61-12核航弹同F-15E型战机兼容认证，正在改装的F-35A使其具备核能力，开发新型海基核巡航导弹，美国在退出《中导条约》后开始进行陆基中程巡航/弹道导弹的发射飞行试验，并加紧筹划在重要战略区域的核部署。

将核军工视为核威慑的基石，强调振兴迫在眉睫。美国大力强化核武器科研生产基础设施投入，对核武器基础设施的投资年均增幅超过10%，发布2020—2044年核军工发展愿景与路线图，顶层规划未来25年核军工发展，重点构建有效、灵活响应、有弹性、体系完整、能力强大的核武器综合体，持续加强核武器设计、研制、实验、试验、认证等科研能力。

3. 对核军控呈现消极姿态

接连毁约退群。2018年5月，美国宣布单方面退出伊核协议，并重启对伊制裁。2019年8月，美以俄罗斯长期违约、中国不受约束为由正式退出《中导条约》。

对《新削减进攻性战略武器条约》酝酿附加条件。《新削减进攻性战略武器条约》是美俄间仅存的双边核裁军条约，将于2021年2月到期，可最多延长5年。美对条约延期设限，先是要求中国加入，后谋求冻结俄核武库规模，制定更严格的核查措施。

开始在相应场合为放弃《全面禁止核试验条约》放言造势。2019年5月，美国国防情报局局长阿什利率先抛出对俄、中违反美“零当量”禁核试标准的指控，美国国务院 2019 年度和 2020 年度《军控遵约报告》也增加了上述类似表述，美国家安全委员会还就恢复核试验问题展开讨论。

（中核战略规划研究总院

审查专家：黄国俊、李景、康力新、诸旭辉）

四、美国再次高调宣示核威慑

继2019年发布《核威慑政策》文件之后，2020年4月6日，美国国防部再次发布《核威慑：美国国防的基础和支撑》文件（以下简称“文件”），从核威胁、核政策、核战略、核态势四方面高调宣示美国核威慑。

1. 核威胁

文件称，美国及盟友面临日益危险和复杂的战略环境，来自俄罗斯、中国、朝鲜和伊朗的核威胁正不断增加。

俄罗斯现代化核武库，开发、测试和部署新型“三位一体”战略核力量，包括井基和公路机动洲际弹道导弹、战略核潜艇和潜射弹道导弹、轰炸机和核巡航导弹；此外，俄罗斯开发高超声速滑翔武器、核动力巡航导弹、核动力无人潜航器等新型核能力；与此同时，对多达2 000枚非战略核武器及其海陆空基运载系统进行现代化改造。

中国正快速扩大并多样化核力量，未来10年核武库规模将至少增加一倍；中国发展、测试和部署新一代陆基弹道导弹，增加潜射弹道导弹射程，研制新型轰炸机，大量投资开发先进的核武器系统和高超声速飞行器。

朝鲜违反联合国安理会决议，非法发展核武器和导弹能力，进行越来越复杂的核试验和洲际弹道导弹飞行测试，对美国本土和盟友构成威胁。

伊朗发展、部署了大量弹道导弹，覆盖该地区所有目标，是其主导地区和恐吓美国及盟友的关键能力组成；此外，伊朗尝试发射太空飞行器，有助于其发展洲际弹道导弹能力。

2. 核政策

文件宣称，美国已采取具体措施降低核武器在国家安全中的作用、削减核武器数量，但其他国家并未效仿这一做法；在核武器被彻底销毁前，必须通过现代化保持一只可靠的核力量，从而确保美国和盟友的安全；美国的首要核政策和战略重点是慑止潜在对手发动任何规模的核攻击，只会在最极端的情况下使用核武器，捍卫美国和盟友的核心利益；2018 年《核态势评估》报告重申，美国将寻求安全、安保、可生存和有效的核威慑力量，同时致力于核不扩散和军备控制。

文件称，核武器是应对潜在核攻击的最终保障；核力量与常规力量一道，有助于防止冲突升级为大规模常规战争；有效威慑需要可靠的核能力和必要时使用核能力的决心。

3. 核战略

文件指出，美国的“三位一体”核力量各具优势且相互补充，能够有效抵御和应对任何攻击。其中，陆基响应能力强，迫使对手必须同时摧毁 400 枚分散部署的洲际弹道导弹，否则无法在一次打击中解除美国的核武装；海基生存能力强，战略核潜艇舰队和 240 枚潜射弹道导弹处于威慑巡逻状态，难以被发现和追踪；空基威慑展示能力强，60 架可携带核弹头的轰炸机是一个清晰可见的信号，能够表明美国在危机期间的意图和决心，并为总统提供多种选项。

美国的核武器用于慑止核与非核战略攻击，包括化学、生物和大规模常规攻击，同时向对手表明，核打击的成本将远超收益；保证盟友安全，延伸威慑有助于使盟国放弃发展核武器，加强核不扩散目标；如果威慑失效，将在遵循武装冲突法的前提下进行核作战，以最小损失结束冲突；继续寻求建立相互合作和良性的安全环境，但必须防范未知风险。

4. 核态势

文件认为，美国的核武器运载系统和核指挥、控制与通信系统当前依然可靠，但多数远超设计使用寿命迅速老化，无法维持到 2025—2035 年以后。为此，必须确保核力量经费投入。

美国国防部 2021 财年申请 289 亿美元预算，用于核力量运行、维护及现代化，占国防部总预算的 4.1%。当前及未来一段时期将重点支持十个核现代化项目：一是研制新一代“哥伦比亚”级战略核潜艇，替换服役近 40 年的“俄亥俄”级，2021 财年预算申请 44 亿美元，计划未来 5 年投入 249 亿美元，2031 财年开始威慑巡航；二是现代化核指挥、控制与通信系统，2021 财年预算申请 42 亿美元，计划未来 5 年投入 240 亿美元；三是研制核常兼备的新型 B-21 战略轰炸机，补充 B-52 轰炸机部队，2021 财年预算申请 28 亿美元，计划未来 5 年投入 226 亿美元，21 世纪 20 年代中期开始服役；四是推进陆基战略威慑项目，替换服役近 60 年的“民兵”-Ⅲ陆基洲际弹道导弹，2021 财年预算申请 15 亿美元，计划未来 5 年投入 132 亿美元，2029 财年开始部署；五是研制新一代远程防御外导弹，替换服役近 40 年的空射巡航导弹，2021 财年预算申请 4.74 亿美元，计划未来 5 年投入 20 亿美元，21 世纪 30 年代初初始服役；六是升级 F-35 战斗机使其具备核能力，2021 财年预算申请 1.06 亿美元，计划未来 5 年投入 1.87 亿美元，2024 财年初始部署；七是启动“三叉戟”-Ⅱ D5 潜射导弹第二阶段延寿项目，在“哥伦比亚”级战略核潜艇全寿期服役，2021 财年预算申请 9 600 万美元，计划未来 5 年投入 12 亿美元，2039 财年开始服役；八是研制 B61-12 核重力炸弹制导尾翼，2021 财年预算申请 4 500 万美元，计划未来 5 年投入 4 800 万美元；九是研发 W93/Mk7 潜射弹道导弹弹头的再入飞行器，2021 财年预算申请 3 200 万美元，计划未来 5 年投入 4.8 亿美元；十是研发新型潜射巡航导弹，2021 财年未申请经费。

5. 几点认识

美特朗普政府挑起和加剧大国竞争，并以此为由强化核力量发展，对外高调宣示核威慑，将对国际安全形势及核态势产生重大影响。一是美提升核武器地位作用，扩大核武器使用范围，降低了核武器使用门槛；二是美全面推进核力量现代化，加大经费投入，将破坏全球战略稳定，引发新一轮核军备竞赛；三是美发展适用于地区作战的非战略核能力，未来若在欧洲和印太地区部署将破坏地区安全环境，加剧核升级风险。

（中核战略规划研究总院

审查专家：黄国俊、李景、康力新、诸旭辉）

五、俄罗斯强化核威慑政策，宣示核威慑决心和强大实力

2020 年 6 月 2 日，俄罗斯总统普京签发新版《俄罗斯核威慑国家基本政策》（以下简称《核威慑政策》），系统阐述了俄罗斯核威慑的总体原则、威慑范围、使用条件、组织结构等内容。面对美国重挑大国竞争、发展全球反导、联合北约盟国在俄罗斯边境开展大规模军演、采取单边消极军控政策，俄首次全面阐述核威慑政策，展示核威慑的决心和强大实力。这将对国际战略平衡与稳定产生深远影响。

1.《核威慑政策》的主要内容

《核威慑政策》主要包括七个方面内容。

一是**概述了核威慑的总则**：俄奉行防御性核威慑政策，将核武器视为威慑力量，核力量维持足够水平以应对侵略，防止敌对行动升级，使用核武器是一种极端情况下的被迫措施。

二是**解释了核威慑的本质**：核威慑旨在确保使潜在对手认识到，对俄及盟国发动侵略，必将遭致报复；俄武装部队处于战备状态，能够在任何情况下对敌人造成不可接受的损失，并且随时准备和决心使用核武器。

三是**指明了核威慑的对象**：将俄视为潜在对手的拥有核武器、其他大规模杀伤性武器或强大常规军事力量的国家和军事联盟。

四是**界定了核威慑的范围**：（1）在俄及盟友边境（含近海）增派可配备核武器的集团化常规军事力量；（2）部署的反导系统、中短程巡航导弹和弹道导弹、常规高精度武器和高超声速武器、无人攻击机和定向能武器；（3）在太空部署反

导和打击系统；（4）拥有核武器及其他大规模杀伤性武器（含运载工具）并可能对俄及盟国实施打击；（5）核扩散（含核武器、运载工具、技术和设备扩散）；（6）在无核武器国家领土部署的核武器及运载工具。

五是**阐述了核威慑的原则**：（1）履行国际军控义务；（2）保障核威慑活动的连续性；（3）核威慑与军事威胁相适应；（4）对核打击的规模、时间和地点保持模糊性；（5）对参与核威慑的联邦行政部门和组织进行集中统一领导；（6）保持核威慑力量结构和规模的合理性，维持在最低、足够水平；（7）部分核力量处于战备状态。

六是**明确了核武器的使用条件**：（1）收到关于俄或盟国遭受弹道导弹打击的可靠情报；（2）俄及盟国遭受核攻击或其他大规模杀伤性武器攻击；（3）对俄关键国家设施或军事设施产生影响，以及削弱俄核反击能力；（4）俄面临生死存亡的常规侵略。

七是**划定了核威慑的组织结构**：总统领导核威慑政策制定；政府负责执行核威慑相关的经济、外交等政策；联邦安全委员会制定核威慑军事政策以及协调政策的执行；国防部负责核作战规划和军事行动；其他机构依照分工参与执行相关工作。

2.《核威慑政策》的发布背景和战略意图

（1）发布背景

2010年，俄罗斯时任总统梅德韦杰夫曾签发上一版《核威慑政策》，但此文件未公开发布，目前该文件已于2020年年初到期。

当前，俄面临的国家安全形势更为复杂严峻。特朗普政府挑起大国竞争，将俄列为首要核威胁；发展全球反导体系，创建太空军，削弱俄核威胁有效性；以俄违约为由退出《中导条约》和《开放天空条约》，对俄延长新版《削减战略武器条约》的提议不置可否；美及其北约盟国频繁在俄周边开展大规模军事演习，强化军力部署。在此背景下，继2018年普京高调宣布研发六种新型战略武器，俄此次又公开宣示核威慑政策，目的是展示核威慑决心和能力，表明俄对美及其北约盟国的强硬立场。

俄总统新闻秘书佩斯科夫指出，《核威慑政策》首次完整、清晰地阐述了俄核领域面临的主要威胁及核武器的使用条件，同时重申了俄永远不会成为使用核武器的发起者。

（2）战略意图

一是**全面威慑美国**。美国2018年《核态势评估》报告将俄视为头号核威胁，提出并实施“定制威慑”战略；2019年以来，美国两次发布《核威慑政策》文件，继续高调宣示核威慑政策，与俄发布的新版《核威慑政策》针锋相对，明确核威慑的对象是“将俄视为对手的、拥有核武器、其他大规模杀伤性武器或强大常规军事力量的国家和军事联盟”，即美及其北约盟国。针对美发展部署新型常规武器、加快外空武器化进程，俄扩大了威慑范围，在继续坚持以核武器慑止核攻击和大规模常规侵略的同时，提出以核威慑应对美新型常规武器和外空武器发展部署，旨在维持与战略稳定与平衡。

二是**慑阻北约敌对军事行动**。针对北约大规模军演、在欧洲五国（土耳其、德国、比利时、荷兰、意大利）部署美核武器，在罗马尼亚和波兰部署美反导系统，及未来可能部署的陆基中导，《核威慑政策》明确提出以核威慑应对北约常规军力集结、部署美核武器、反导系统和新型进攻性武器，同时阐明俄随时准备并且有决心使用核武器，必要时可将是否准备使用核武器、或已做出使用核武器的决定、以及使用核武器的事实通知他国或国际组织领导人，展示对北约核威慑的决心。

三是**制衡美单边军控政策**。当前，美国以俄罗斯违约为由系统性破坏国际军控体系，无视俄安全与军控诉求。对此，《核威慑政策》阐明，国际法及军控条约是俄制定核威慑政策的法律依据之一，履行国际军控义务是俄罗斯核威慑的重要原则，有力回击美违约指控。

3. 小结

（1）加强核力量在维护俄罗斯国家安全中的地位和作用

面对美西方的战略挤压，俄将维持必要的核遏制能力视为首要的政治和军事任务，在军费紧缩的情况下，仍优先发展核力量，大力推进核武器及运载系统现代化，创新发展颠覆性装备。此次对外公布的《核威慑政策》系俄首次全面、系统阐述核政策，强调核威慑在维护国家主权和领土完整、慑止核与常规侵略、威慑美新型常规武器及外空武器发展部署等方面发挥全方位威慑作用，展示与美比肩的核大国地位。

（2）根据国际安全形势变化强化核威慑政策

针对美国新型武器装备发展及北约常规军力优势，俄罗斯核威慑的范围进一步延伸，在坚持对美国及北约核与常规侵略进行威慑的同时，把制止周边地区局部战争的爆发与升级、应对美新型常规武器和外空武器发展部署作为核威慑的一项重要任务。在核武器使用条件中加入了对弹道导弹的预警反击、关键国家和军事设施遭受攻击、核反击被削弱等情况。此外，《核威慑政策》首提出通告俄使用核武器的决定，有意拓展外交手段用于强化核威慑。

（3）美俄核对抗进一步升级，将对国际战略平衡与稳定产生深远影响

特朗普政府提出以核武器应对重大非核战略攻击及针对核指控系统的外空和网络攻击，俄针锋相对，将核威慑范围扩大至新型常规武器和外空武器。美俄以强大核力量为后盾，相继扩大核威慑范围，降低核武器使用门槛，值得我国高度警惕。

（中核战略规划研究总院

审查专家：黄国俊、李景、康力新、诸旭辉）

核武器与核动力篇

一、美国大幅增加经费，加强核武器装备建设

核武器装备建设是美武器装备建设的最优先事项。为了继续贯彻特朗普上任伊始就提出的“确保美国核威慑现代化、强大、灵活、有弹性、准备就绪和量身定制”的精神，以及新版《国家安全战略》《核态势评估》提出的加强核武器装备建设的要求，能源部2021财年核武器活动预算总额和增幅再创新高，并调整冷战结束以来的预算结构，值得高度关注。

1. 能源部2021财年核武器活动预算构成与主要工作

能源部2021财年核武器活动的预算为156亿美元，较2020财年批准的拨款增加31亿美元，增幅达25%。预算采用新结构，分为8个领域（见表1），每个领域的预算均有7%～57%的不同程度增长。其中最主要的是“库存管理”“生产现代化”“库存研究、技术与工程”“基础设施与运行”等4个领域，它们预算之和占总预算的近90%。能源部表示，新结构分类更优化、简化，将类似工作合并，便于提高执行力和效率，加强问责和增强响应性，并提高对美国民众和国会的透明度。

表1 能源部2021财年核武器活动预算

（亿美元）

	2020财年批准经费	2021财年预算	占总预算的比例/%	较2020财年变化	较2020财年变化率/%
库存管理	36.80	42.84	27.5	+6.04	+16
生产现代化	15.65	24.58	15.8	+8.92	+57

续表

	2020财年批准经费	2021财年预算	占总预算的比例/%	较2020财年变化	较2020财年变化率/%
库存研究、技术与工程	25.53	27.82	17.8	+2.29	+9
基础设施与运行	32.00	43.84	28.1	+11.84	+37
安全运输资产	2.93	3.90	2.5	+0.97	+33
国防核安保	7.75	8.27	5.3	+0.52	+7
信息技术与网络安全	3.00	3.76	2.4	+0.76	+25
遗留合同商补贴	0.91	1.02	0.6	+0.10	+12
核武器活动总计	124.57	156.02	100	+31.45	+25

“库存管理”。2021财年的预算为42.84亿美元，占总预算的27.5%，较2020财年增长16%。预算将用于为保持核武器库存安全、可靠、有效而开展的活动。包括：延长库存核武器的预期寿命（延长20～30年），核武器库存维护、监测和年度评估，安全和可靠拆除核武器及其部件并处置等。

“生产现代化”。2021财年的预算为24.58亿美元，占总预算的15.8%，较2020财年增长57%。重点关注军用核材料和核部件生产能力现代化，包括提高钚弹芯生产能力，维持低浓铀供应，重建本国铀浓缩能力，扩大氚材料生产能力，维持锂供应能力等。其中，多半预算及大部分增长用于钚弹芯生产能力建设。

“库存研究、技术与工程”。2021财年的预算为27.82亿美元，占总预算的17.8%，较2020财年增长9%。预算将用于开展评估科学、先进模拟与计算、惯性约束聚变、工程与综合评价、武器技术与制造等活动，包括继续实施“增强次临界实验能力”项目等。预算增长主要因为评估科学和武器技术与制造增长幅度较大，都超过30%。

“基础设施与运行”。2021财年的预算为43.84亿美元，占总预算的28.1%，增长37%。预算将用于核军工基础设施的运行维护以及现代化，确保以安全、安保且效费比高的方式维护、运行核军工基础设施，提高业绩，并最大化投资回报率，降低核军工单位的风险。

2. 能源部2021财年核武器活动预算分析

能源部核武器活动2021财年的预算除了结构调整之外，预算额还大幅增长，反映出能源部正在加速平行推进核弹头、军用核材料、核军工基础能力现代化等工作。

（1）持续推进核弹头现代化

“库存管理”的大部分预算（26.67亿美元）以及绝大部分增长将用于5型核弹头改进/研制计划，即B61-12延寿计划、W80-4延寿计划、W88改型370计划、W87-1现代化计划、W93计划。前4型计划执行的是核弹头改进程序；W93执行的是研制程序，表明是研制新弹头。

美国有7型现役核弹头，分别是陆基W78和W87、海基W76和W88、空基B61、B83、W80弹头。上述5项计划中，B61-12将替代B61、B83；其寿命将延长20～30年，安全性、可靠性、有效性增强，打击精度提高，兼具战略战术打击能力。W80-4将替代W80，部署于美国防部正在研制的新一代空射“远程防区外”巡航导弹；其寿命将延长20～30年，安全性可靠性提高。W87-1将替代W78，并部署于美国防部正在研制的新一代陆基洲际弹道导弹；其安全性、可靠性和使用控制性能增强。W93将部署于战略核潜艇装备的潜射弹道导弹上。

另外，为满足新版《核态势评估》的要求，能源部于2019财年启动W76-2低威力海基核弹头改进计划，2019年向海军交付了部分弹头，余下的弹头将在今年完成生产，因而2021财年未申请经费。W76-2已部署于美国“俄亥俄”级弹道导弹核潜艇，执行战备巡航任务。该计划共花费7 500万美元，其中2019财年6 500万美元、2020财年1 000万美元。

（2）高度重视军用核材料及核部件储备

在能源部以前的预算中，军用核材料及核部件相关工作包含在核弹头相关工作中。2021财年这部分工作作为独立领域（即“生产现代化”），其预算单列且大幅增长，达到近25亿美元，增幅57%（8个领域中增幅最大）。在“生产现代化”中，“钚现代化”13.69亿美元，“铀现代化”3.07亿美元，“氚现代化”3.12亿美元，“本国铀浓缩”1.45亿美元，“锂现代化”3 940万美元。

“钚现代化”包括两项工作：一是钚操作，开展钚弹芯生产所需的活动；二是实施钚弹芯生产项目，分别在洛斯阿拉莫斯国家实验室和萨凡纳河工厂重建钚弹芯生产能力。能源部计划2023年生产首个“作战储备”用钚弹芯，2026年产能预计达到30个钚弹芯，2030财年达到80个，其中洛斯阿拉莫斯30个、萨凡纳河50个。

“铀现代化”是对浓缩铀操作进行现代化，以满足核武器、舰船核动力和核不扩散等方面的需求。包括改进设施设备，将老旧设施中的工作转移到其他设施；开发新技术，采用电精炼、煅烧、切屑熔化的方法取代高危的湿法回收与转化工艺等。

“氚现代化”是生产、回收并利用氚，同时扩大氚材料生产能力。冷战结束后，美国为恢复产氚能力，自2003财年起利用瓦茨巴1号反应堆辐照“产氚燃烧吸收棒”生产氚，并在萨凡纳河工厂的“氚提取装置”将氚提取出来。能源部准备在2021财年启用瓦茨巴2号反应堆，当年将氚产能提高50%，此后逐步提高，计划2025财年前两个反应堆每个辐照周期（18个月）可共生产2.8千克氚。

“本国铀浓缩”旨在确保可靠供应浓缩铀，满足国家安全和核不扩散需求。包括三项工作：一是利用现有的低浓铀库存和国防冗余高浓铀掺混的低浓铀，保障氚生产所需的低浓铀燃料供应（当前的库存可维持到2041年）；二是储备和发展铀浓缩专业知识和技术；三是执行订购程序，重建本国铀浓缩能力。能源部正在支持森图斯公司的AC100大型离心机和橡树岭国家实验室的小型离心机的研发，并于2019财年启动小型离心机初步级联测试；准备一旦获准，就着手建设“铀浓缩技术示范厂”。美国最后一座气体扩散厂2013年关闭，此后不具备利用本国技术生产浓缩铀的能力。

“锂现代化”包括生产并保持浓缩锂库存，开展锂转化，保持浓缩锂加工生产能力，开发新技术支持新设施建设等。

（3）加速推进核军工基础设施现代化

能源部一直高度重视核军工基础设施建设，并在核武器活动中单列预算。2021财年，核军工基础设施（“基础设施和运行”）的预算为43.84亿美元，较2020财年批准的经费增长37%。其中，28.75亿美元将用于现有核军工基础设施的运行；15.08 亿美元用于 13 个重大建设项目，包括“化学与冶金研究替代”项目 1.69 亿美元，“铀加工装置”7.5 亿美元，“氚精炼装置”2 700 万美元，“锂加工装置”1.09 亿美元，“U1a 联合体增强”项目 1.6 亿美元。

(4) 增设多个重大新项目

启动 W93 弹头研制。W93 弹头 2021 财年的预算为 5 300 万美元，将分别拨付给核材料供应、部件生产、核弹头设计、组装等单位，从而全面启动概念设计和生产准备工作。

单设钚弹芯生产项目。即“洛斯阿拉莫斯钚弹芯生产”和“萨凡纳河钚加工装置”项目，它们的预算共 5.78 亿美元。按计划，它们将分别于 2028 财年和 2031 财年运行，预期运行寿命 50 年。其中，“洛斯阿拉莫斯钚弹芯生产”设施是在“钚装置”-4 基础上建成的，“萨凡纳河钚加工装置”是在部分建成的“混合氧化物燃料制造装置”上改建的。

启动“贫铀现代化”项目。该项目 2021 财年的预算为 1.1 亿美元，用于重建可靠的贫化铀转化（UF_6 转化为 UF_4）、高纯贫铀金属生产、贫铀合金制造、贫铀合金部件生产等能力，满足核弹头次级生产的需要。

(5) 高度重视人才建设

能源部 2021 财年的预算多次提到工作人员的招聘培养保留问题，多个项目中都包含人才招聘与培养。如在“库存研究、技术与工程”中设立“院校计划”，准备投资 8 700 万美元，用于培养下一代训练有素的技术人员，确保在核武器国家实验室之外有技术同行，可开展同行评审和科技攻关。

3. 小结

能源部 2021 财年的核武器活动预算大幅增长，旨在与特朗普政府在新版《国家安全战略》《核态势评估》中提出的要提升核武器作用、发展多样性灵活性核力量的要求相适应。

能源部 2021 财年的预算将主要用于核弹头、军用核材料、先进技术研发、核军工基础设施建设等 4 个领域的工作，旨在建立装备性能一流、军用核材料与部件储备充足、技术领先、军工能力完整配套、可持续到未来数十年的灵活响应核威慑力量与核军工体系，确保维持强大的核威慑力。

经过21世纪初以来近20年的努力，美国在核军工基础设施现代化上取得一些重大进展，如军用氚材料生产能力恢复并持续提升、核弹头和核材料实验试验能力得到极大增强。但仍存在一些较为严重的问题，如钚弹芯生产、本国铀浓缩能力仍未重建，高技能人才老龄化问题仍非常突出，设施老旧及维护拖期现象仍较普遍，2019年还发生因非核部件问题而导致两个核弹头延寿计划（B61-12和W88）推迟的事件。

核武器是国家安全战略的基石，美大幅增加核武器活动经费，加强核武器装备建设并解决存在的重大问题，值得高度关注。

（中核战略规划研究总院

审查专家：黄国俊、李景、康力新、诸旭辉）

二、美国披露新型海基 W93 核弹头研发计划

2020 年 2 月 10 日，特朗普政府向国会提交 2021 财年预算申请，其中能源部预算首次提出研发海基 W93 核弹头，系美国 20 世纪 90 年代初宣布暂停核试验以来以非改进型号命名的首个新型核弹头。

1. W93 核弹头相关信息

目前，关于 W93 弹头的信息极少。能源部负责核武器相关活动的国家核军工管理局称，“W93 核弹头项目支持战略司令部替换‘三叉戟’-Ⅱ D5 潜射弹道导弹弹头的需求，已得到核武器委员会和国防部副部长的认可”。能源部发布的 2021 财年预算申请要点中指出，“将为 W93 启动第 1 阶段概念和改进评估活动提供经费”。

战略司令部司令查尔斯·理查德在参议院军事委员会证词中表示，“核武器委员已经确认了对 W93/Mk7 的需求，该弹头将用于海基潜射弹道导弹，提高作战效能，降低技术、作战和规划风险。W93 还将为英国正在进行的弹头替换计划提供支持。引信、弹头壳体等工作需即刻启动，以便在 21 世纪 30 年代实现交付”。国防部负责采办与维护的副部长艾伦·谢弗称，W93 将与英国正在研发的新弹头共享技术，但两国将独立开展项目。

美国原子科学家联合会核项目主管汉斯·克里斯滕森指出，W93 可能是某个弹头的正式名称，该弹头此前曾被称为“下一个海军弹头”（Next Navy Warhead)、第二型陆海通用弹头（IW-2)。

美国 2012 年提出“3＋2”核弹头战略，计划将现役的 2 型陆基核弹头（W78、W87）和 2 型海基核弹头（W76、W88）调整为 3 型陆海通用弹头（IW-

1、IW-2、IW-3)，将3型空基核弹头（B61、B83、W80）调整为2型（B61-12、W80-4）。其中B61-12、W80-4、IW-1（已更名为W87-1）的研发计划此前已陆续启动，2021财年将继续实施。能源部在《2020财年库存管理计划》中指出，“下一个海军弹头”（以前称为IW-2）计划在2024财年进入“研究和工程设计”阶段，2034财年开始生产，将部署在新一代“哥伦比亚”级弹道导弹核潜艇上。

美国核军工管理局一位武器专家表示，W93核弹头采用经过核试验验证的设计，不需要重新进行地下核试验。另据外媒报道，W93核弹头将采用经过核试验验证的核物理包，初始设计用于潜射弹道导弹，未来可快速升级用于其他海基运载系统。

2. 初步分析

（1）W93可能是正式名称

W93可能是“下一个海军弹头”（以前称为IW-2）的正式名称，将主要装备于新一代“哥伦比亚”级弹道导弹核潜艇。如上所述，W93与“下一个海军弹头”的研发周期基本吻合，即2021—2023财年启动概念设计，2024财年进入研究和工程设计阶段，2034年开始生产制造。美国正在新一代建造“哥伦比亚”级弹道导弹核潜艇，计划共建造12艘，服役初期装备现役的“三叉戟”-Ⅱ D5潜射弹道导弹，预计在2042年前后开始装备新一代的潜射弹道导弹。由此可见，W93就是为了配装新一代弹道导弹核潜艇而研发。

（2）W93极可能是一种新型核弹头

美国于1992年暂停核试验，此后实施库存管理计划，对库存弹头进行延寿升级，维持核武库安全、可靠、有效。2018年发布的《核态势评估》报告要求美国具备研发、生产新型核弹头的能力。暂停核试验以来，美国核弹头的现代化主要以型号改进为主，如B61-12、W76-2、W80-4、W87-1、W88改型370等，其名称均与基本型相关。W93采用新的名称，极可能意味着美国将研发新型核弹头。

（3）W93或为当量可调弹头

美现役海基核弹头共三种威力选项，其中W76-2核弹头约0.5万吨、W76-1

核弹头 9 万吨、W88 核弹头 47.5 万吨。此外，为强化非战略核能力，美还将开发新型潜射核巡航导弹，报道称“W93 未来可快速升级用于其他海基运载系统”，或暗指新一代潜射巡航导弹。由此可见，美新一代海基核弹头可能需要多种威力选项来执行不同威慑任务。

(4) 美会否恢复核试验值得关注

新命名的弹头可能意味着采用新的设计。作为开发新型核弹头的必然结果，恢复核试验的呼声可能会在美国重新出现。美国能源部在近几年的文件中已再三表示要做好开展新型核弹头试验的准备。从目前掌握的公开信息看，特朗普政府还没有正式表示可能需要测试任何新弹头，但美国着手研发新弹头，是否恢复核试验必将是后续各方关注的重点。2019 年，美政府及情报机构曾多次指责俄罗斯违反《全面禁止核试验条约》，引发国际社会对美国可能退约的普遍担忧。不排除美以此为借口退出《全面禁止核试验条约》，并开展新型核弹头试验的可能性。

（中核战略规划研究总院

审查专家：黄国俊、李景、康力新、诸旭辉）

三、美国启动军用微型可移动反应堆“贝利”研发计划

2020年3月9日，美国国防部启动军用微型可移动反应堆“贝利”研发计划，签发三份设计合同支持BWX技术公司、西屋政府服务公司、X-能源公司开展设计工作，标志着美国向微型可移动反应堆军事应用迈出重要一步。

1. 微型可移动反应堆特点和用途

微型可移动反应堆功率一般为1～20兆瓦，体积微小、机动性好，能够通过多种方式运输至目标区域并快速组装部署；具有固有安全性，能够快速启动和停堆；制造便捷，能够以模块化形式在工厂完成制造。

微型可移动反应堆能够支持前沿和偏远军事基地供电等军事任务，增强作战基地的能源供应独立性和遭袭之后迅速恢复供电的能力，是能够改变游戏规则的颠覆性技术。

2. 美国军用微型可移动反应堆“贝利”研发计划

美国军用微型可移动反应堆“贝利”研发计划由国防部战略能力办公室主持开展。该计划包括两个阶段，通过“两步走”降低技术风险和项目风险：**第一阶段**是为期两年的设计阶段，国防部签发多个合同支持技术研发，通过非竞争性的选拔过程遴选参与第二阶段的公司；**第二阶段**为建造阶段，国防部将支持通过选拔的公司设计、建造和示范原型反应堆，编制设计建造程序和项目风险控制程序。能源部通过爱达荷国家实验室为“贝利”计划提供支持。

2019年5月10日，据美国能源部透露，国防部战略能力办公室、能源部、

核管会就“贝利”计划签署谅解备忘录，协调三家机构合作事宜。谅解备忘录主要包括五方面内容：**一是重建三层各向同性碳包覆燃料（TRISO）生产能力**，计划在核管会批准后建造一条 TRISO 燃料生产线，到 2023 年实现 600 千克/年的生产能力；**二是继续开展 TRISO 燃料颗粒和屏蔽层的破坏性测试**，在现有测试基础上制定新计划并开展测试；**三是环境法规合规分析**，国防部战略能力办公室牵头，能源部通过爱达荷国家实验室提供建造和测试场址，核管会和陆军工程兵部队提供技术支持；**四是安全分析**，爱达荷国家实验室为“贝利”计划提供安全分析并准备相关文档；**五是制定微型可移动反应堆包装和运输监管标准**，三家机构将确定微型可移动反应堆运输许可途径及测试、分析、包装程序。

“贝利”计划第一阶段已于 2020 年 3 月 9 日启动。美国国防部签发的三份合同总金额 3 970 万美元，其中 BWX 技术公司 1 350 万美元、西屋政府服务公司 1 190 万美元、X-能源公司 1 430 万美元，三家公司将开展为期两年的工程设计竞赛，此后国防部选定一家公司建造和示范原型反应堆。国防部表示将于 2023 年在能源部场址开展测试，验证微型反应堆效能。如果测试顺利，微型反应堆将在核管会许可后于 2027 年在美国内的永久性军事设施中示范运行。

3. 美国应用微型可移动反应堆意向明确

西北太平洋国家实验室预计未来美军前沿基地的能源需求到 2027 年约增长 37%。近年来，美军方多个部门相继发布报告，提出在前沿作战基地使用可移动核反应堆。2016 年，美国防部国防科学委员会发布研究报告《前沿远程作战基地的能源系统》，建议美军投资研发可部署于前沿作战基地的微型可移动堆。2018 年，美军表示，微型可移动堆属于“典型的颠覆性创新”，对于军队具有重要影响，陆军参谋长办公室提出 5 种相对成熟的微型可移动核反应堆反应堆概念设计。2019 年 1 月，美国防部战略能力办公室发布意见征询书，就建造和示范可移动微型反应堆征求公众意见，意在推动微型可移动核反应堆的军事应用。2020 年 3 月 2 日，国防部在《联邦公报》发表公告称，计划与能源部合作编制微型反应堆原型堆环境影响报告。国防部表示，微型反应堆能够满足其提高能源安全性、增强遭袭后恢复能力的需求，提议建造和示范原型微型反应堆，明确反应堆运行后的计划安排。

4. 主要挑战

2020年2月26日，美政府问责署发布题为《微型核反应堆》的科技评估与分析报告，认为微型反应堆主要面临以下挑战：**一是缺乏可用燃料**，在高丰度低浓缩铀燃料进入市场之前微型反应堆无法通过认证；**二是增加核扩散风险**，微型反应堆使用的高丰度低浓缩铀燃料可能将成为恶意行为体的窃取目标；**三是面临核废物处理挑战**，微型反应堆燃料特殊，可能需要调整核废物处理流程；**四是面临监管挑战**，现有的核监管制度及相关国际条约难以适用于微型核反应堆，可能需要修订或制定新法规。

5. 小结

美国国防部启动“贝利”计划，开始研发军用微型可移动反应堆，明确择优录取、重点培养的工作模式，与能源部、核管会就“贝利”计划签署谅解备忘录协调合作事宜，发布意见征询书就建造和示范可移动微型反应堆征求公众意见，为全面开展研发和示范工作做好保障。一旦美国成功部署微型可移动反应堆，有望更好地解决军事基地远距离后勤保障难题，有力支持美国保持全球军事优势。

（中核战略规划研究总院

审查专家：黄国俊、李景、康力新、诸旭辉）

四、美国核武器研制时间及生产能力的初步分析

1945 年至今，美国共计生产了约 100 种型号、近 66 500 枚核武器。冷战高峰时期，美国库存核武器达到 31 255 枚。1972 以后，美俄通过一系列核裁军条约限制并削减核武器数量。当前，美国共有核武器 5 800 枚，其中库存核武器 3 800 枚（部署 1 750 枚、未部署 2 050 枚），退役待拆解 2 000 枚。2020 年年初，美公布新型海基 W93 核武器的研制计划，项目研发周期 2024—2034 年，计划 2041 年完成生产，根据美国未来一段时期的核武器生产能力计算，预计最多可生产约 500 枚 W93。

1. 对美国研制一型核武器所需时间的初步分析

（1）冷战时期

1953 年，美国国防部和原子能委员会（现能源部）达成协议，确立核武器全寿期管理的“阶段流程”（见图 1）。该流程包含了核武器从概念设计到退役的全部七个阶段。美国开发、部署新的核武器时，每种武器的全寿期都依照“阶段流程”进行管理。

新设计一型核武器需要进行大量的研究、设计和生产准备工作。冷战时期，美国新设计（“阶段 2A”至“阶段 4”）一型核武器通常需要 3～6 年时间，平均研发周期在 5 年左右（见表 2）。

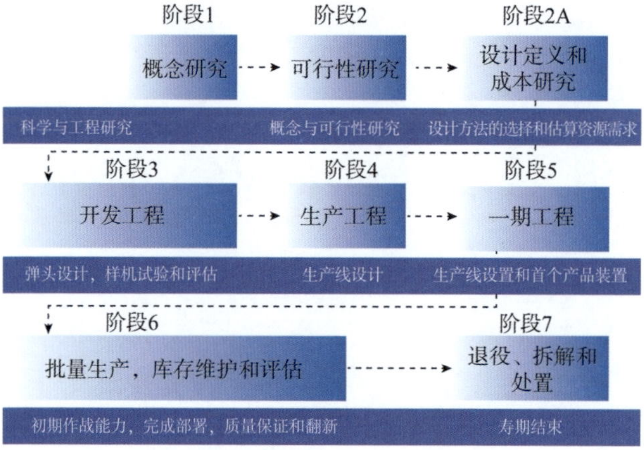

图 1　美国核武器全寿期管理的“阶段流程”

表 2　冷战时期美国部分核武器研发周期

序号	核武器型号	研发时间	研发周期/年
1	W25	1954—1957 年	3
2	B28	1955—1958 年	3
3	W31	1954—1958 年	4
4	W33	1954—1956 年	2
5	B43	1956—1961 年	5
6	W44	1954—1958 年	4
7	W45	1956—1965 年	9
8	W48	1957—1963 年	6
9	W50	1958—1963 年	5
10	B53	1958—1962 年	4
11	W53	1960—1962 年	2
12	W55	1959—1965 年	6
13	W56	1960—1965 年	5
14	B57	1960—1964 年	4
15	W62	1964—1970 年	6
16	W68	1966—1971 年	5

续表

序号	核武器型号	研发时间	研发周期/年
17	W69	1967—1970 年	3
18	W70	1969—1976 年	7
19	W76	1973—1978 年	5
20	W78	1974—1980 年	6
21	W79	1975—1981 年	6
22	W80	1976—1981 年	5
平均研发周期			5 年

(2) 当前及未来

冷战结束后，美国停止了新型核武器的研制和生产，转而实施核武器库存管理计划，对不断老化的核武器进行延寿和升级改造。2000 年，美国批准了用于核武器延寿项目管理的“6. X 阶段流程”（见图 2），作为对“阶段 6”中“库存维护和评估”工作的细化。

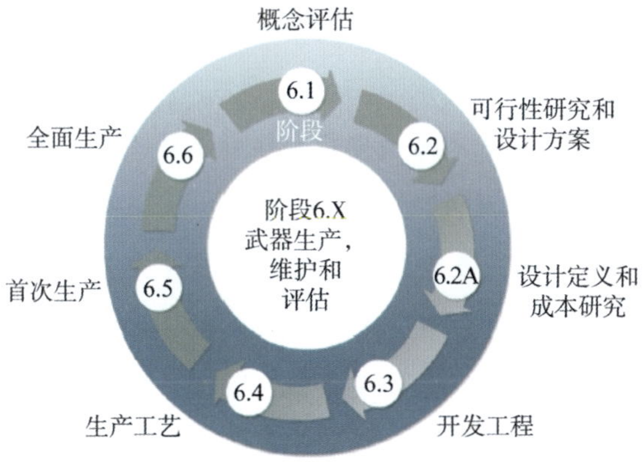

图 2 延寿核武器全寿期管理的“6. X 阶段流程”

即使是对库存核武器进行延寿、改造，同样需要进行大量的研发工作。冷战后，美国开展了多个库存核武器的延寿、改造项目，研发周期一般在 10 年左右。上文提到的 W76-1 延寿项目研发周期近 10 年。另一项正在进行的 B61-12 延寿项目于 2012 年启动，原计划于 2020 年完成研发工作，但由于非核部件可靠性出现问题，首枚B61-12生产推迟至2021年。2020年年初，美国公布了新型海基W93核武器的研制计划，项目研发周期为2024—2034年。

值得关注的是，2018年《核态势评估》报告提出研发新型海基低威力核武器，为此美国迅速启动了W76-2项目，通过使次级失效，将其威力从9万吨降至0.5万吨，改造后的W76-2已于2019年年底开始服役。

2. 对美国核武器生产能力的初步分析

（1）冷战时期

整个冷战时期，美国平均每年生产1 415枚核武器，其核武器生产能力在20世纪50年代末达到顶峰，仅1960年就生产了7 178枚核武器（平均每天生产20枚）。

（2）冷战结束至今

1992年暂停核试验后，美国停止了新核武器生产，转为对库存核武器进行维护、延寿，提高安全性、可靠性和有效性。以W76-1延寿项目为例，2008—2018年美国共完成1 536枚W76-1的延寿工作，平均每年150枚[①]。

（3）未来

一般而言，一枚现代核武器由引爆弹和氢弹主体两部分组成，通常其部件的生产是按照核部件（铀、钚材料）、非核部件（炸药、引爆控制系统）、氚部件等安排生产线[②]。其中，由钚、铍等材料构成的引爆弹弹芯是最复杂、最精密的核心部件，加工周期长，实际上决定了每枚核武器的生产时间。

冷战时期，美国的钚弹芯由潘特克斯工厂制造。20世纪90年代初，由于需求大幅降低和污染严重等原因，美国停止了钚弹芯生产。实际上，美国目前基本不具备钚弹芯生产能力，正在进行的库存核武器延寿项目继续使用原有钚弹芯。正如2018年《核态势评估》报告指出的，“今天，美国的钚弹芯生产能力仅限于

---

① 这一时期，美国还同步开展了多个延寿项目，因此实际能力远不止于此。

② 目前，美国共有四家核军工生产厂负责核武器部件生产和组装，其中潘特克斯工厂负责核武器组装和高能炸药生产，堪萨斯城国家安全园区负责非核部件制造，萨凡纳河场址负责氚部件制造，Y-12国家安全综合体负责铀部件制造。

制造研发用途的弹芯，这些弹芯不适于武库使用”。

为确保未来的核威慑能力，洛斯阿拉莫斯国家实验室已采用新工艺进行了钚弹芯试制，并通过定型。美决定采取新工艺重建钚弹芯生产线，计划到2030年实现年产80个钚弹芯的能力，其中洛斯阿拉莫斯国家实验室30个，萨凡纳河厂50个。

3. 小结

(1) 冷战时期，美国研发一型核武器平均需要5年时间；当前及未来一段时期，由于没有迫切的需求和无法进行核试验，可能耗时10年左右；如果是现有弹头的简单改造，可在1～2年迅速完成。

(2) 冷战时期，美国具备每年生产数千枚核武器的能力，最高时年产7 178枚核武器。冷战结束至今，美国主要靠库存核武器的延寿改造维持其核威慑能力，未再安排全新核武器的生产，其延寿改造的能力超过每年150枚。美国已规划恢复核武器生产能力，到2030年每年可新生产80枚核武器。据此计算，新规划的W93最多可生产500枚。

（中核战略规划研究总院

审查专家：黄国俊、李景、康力新、诸旭辉）

五、美国落实“双场址”战略，重建武器用钚弹芯生产能力

钚弹芯是核武器的核心部件。近年来，美国致力于重建武器用钚弹芯生产能力。2020年2月，能源部按照联邦法律以及美国2018年版《核态势评估》等战略文件的要求，在提交国会的2021财年预算报告中提出落实“双场址”战略的具体举措，大力推进钚弹芯生产能力建设，值得高度关注。

1. 美国钚弹芯生产历史及当前需求

冷战时期，美国为与苏联开展核军备竞赛，生产了大量弹芯，当时可年产约2 000个弹芯（实际生产数量保密）。钚弹芯生产设施主要位于洛基弗拉茨工厂，该厂最多可年产1 500个。弹芯的生产还得到了其他单位支持，如汉福特、萨凡纳河场址、洛斯阿拉莫斯和劳伦斯利弗莫尔国家实验室等。

美国20世纪80年代末停止钚弹芯生产，洛基弗拉茨工厂90年代初关闭，其余场址工作重心转移。此后，美在洛斯阿拉莫斯国家实验室建立了钚弹芯生产能力。但该实验室每年实际生产不超过20个钚弹芯，且生产的弹芯只能用于研发测试，不能用于核武器。美国目前库存中的绝大部分钚弹芯是20世纪70至80年代生产。由于材料老化、安全安保要求提高和核武器现代化需求等原因，核武器中的钚弹芯需要更换。能源部开展了大量研究，旨在确定钚弹芯有效的时间（预期寿命）。研究结果表明，时间越长，钚材料性能的不确定性越大，钚弹芯的置信度越低。在达到某个临界值时，钚弹芯的性能将发生显著变化，需要更换。因此能源部认为，为确保核武库继续安全可靠有效，降低钚老化风险，需恢复适度的钚弹芯制造能力。

美国2008年以来一直强调最终需要达到年产80个武器用钚弹芯。自2014年起的一系列联邦法律和顶层文件[①]要求能源部在2026年前年产不小于30个作战储备用（武器用）钚弹芯。2018年发布的《核态势评估》强调了钚弹芯生产需求，要求在2030年前具备年产至少80个钚弹芯的能力。美国2020财年《国防授权法》再次强调，重建强劲的钚弹芯生产基础设施对于保持美国核武器库存的“生命力”至关重要。

能源部准备在可预见的未来，将依赖新生产的钚弹芯和现有的钚弹芯库存，对美国核武库进行现代化。

2. 能源部重建钚弹芯生产的“双场址”战略

为满足2030年前年产至少80个钚弹芯的需求，能源部国家核军工管理局(NNSA)[②] 最先提出的是“单场址”方案，即以洛斯阿拉莫斯国家实验室为主，提高钚弹芯生产能力。此后又提出“双场址”战略，并得到国防部认可。2018年5月10日，国防部和国家核军工管理局发表联合声明，正式宣布该战略。即以两个场址为主，产能合计达到至少80个钚弹芯：预计从2026年开始，洛斯阿拉莫斯国家实验室可年产至少30个钚弹芯；到2030年，萨凡纳河场址可年产至少50个钚弹芯。美国核武器委员当月通过该战略，此后NNSA开始落实。根据要求，两个场址还需做好准备，可按需扩大生产。

NNSA表示，“双场址”战略是管理成本、进度和风险的最优方案，它既可确保核武器基础设施具备更强的灵活响应性、弹性和裕量，更好适应需求的不断变化和应对未来的国家安全威胁，又可确保到2030年至少年产80个钚弹芯。而在单场址方案中，存在因事故等原因而导致停产的可能性，使美国面临重新失去钚弹芯生产能力的风险。

3. “双场址”战略的重点是实施两个重大建设项目

钚弹芯生产涉及分析化学、材料表征、组装、拆解/金属准备、机械加工、

---

① 联邦法律和顶层文件包括《国防授权法》《核武器库存备忘录》《核武器库存计划》《核态势评估》等。

② 美国国家安全政策要求，能源部通过国家核军工管理局，保持美国核武库安全可靠有效，并维持在核武器上的核心竞争力。

水化工、铸造等一系列工艺。“双场址”战略主要涉及3个设施，其中位于洛斯阿拉莫斯国家实验室的“放射实验室与公共办公大楼”已建成，将用于开展分析化学、材料表征。其余两个设施的建设工作已于2019年启动，能源部2020年2月提出了具体建设思路。

位于洛斯阿拉莫斯国家实验室的“洛斯阿拉莫斯钚弹芯生产”建设项目（LAP4）将以原有的4号“钚装置”（PF-4）为基础，拆除部分旧设备，安装新的钚弹芯生产设备及相关配套设施，以开展组装、拆解/金属准备、机械加工、水化工、铸造工作。计划2023年生产首个武器用钚弹芯，2028财年全面建成运行，预计运行寿命50年。能源部2019—2020财年共为该项目拨款2 600万美元，2020年申请提高拨款强度，在2021—2025财年共投资超过17亿美元。如果该设施生产能力达不到预期，能力缺口由萨凡纳河场址补齐。

位于萨凡纳河场址的“萨凡纳河钚加工装置”（SRPPF）将在未建成的“混合氧化物燃料建造装置”（MFFF）① 基础上建设，以开展分析化学、材料表征、组装等活动。计划对MFFF作一系列改进，包括拆除原用于制造混合氧化物燃料的设备和公共设施，安装弹芯生产和加工设备与配套设施等。能源部估计，到2029财年“萨凡纳河钚加工装置”的建设可能共需要46亿美元。该设施将在2026年年底到2031年年底开始运行，预计运行寿命50年。如果该设施生产能力达不到预期，能力缺口由洛斯阿拉莫斯实验室补齐。

除了洛斯阿拉莫斯国家实验室和萨凡纳河场址外，能源部其他一些单位也协助开展钚弹芯生产工作。其中，潘特克斯工厂负责钚弹芯的临时储存和监测、对弹芯进行非侵入性改进、接收新的合格弹芯；Y-12工厂负责为钚弹芯生产提供所需的铀；内华达国家安全场址负责开展动态钚实验，处置相关低放废物；劳伦斯利弗莫尔国家实验室负责提供技术支持；桑迪亚国家实验室负责进行重大环境试验并提供非核部件。这些单位与钚弹芯生产的相关设施建设已有规划，无需调整，足以支持“双场址”战略的实施。

---

① 美国能源部为处置34吨国防冗余的军用钚，于2007年开始建设“混合氧化物燃料建造装置”（MFFF），以便将钚和铀掺混，制造出混合氧化物燃料，供反应堆使用。该设施原定2016年开始运行，但未建成，到2018年项目中止时美国已投资超过54亿美元。能源部经过多方评估，估计该设施还需投资百余亿美元才能建成，且要到2048财年才可投运，因而2018年10月中止该项目。

4. 小结

美国能源部为落实联邦法律和《核态势评估》等顶层战略文件的要求，以及履行保持核武库安全可靠有效的重要使命，制定“双场址”战略，确保到2030年具备年产至少80个武器用钚弹芯的能力。

美国目前拥有约3 800枚库存核弹头（含部署和未部署弹头，不含已退役的待拆除弹头）。通过实施“双场址”战略，美国在2080年前可至少生产4 000个新的武器用钚弹芯，足以满足核武器现代化需要，确保美国长期保持强大核威慑。

（中核战略规划研究总院

审查专家：黄国俊、李景、康力新、诸旭辉）

六、美国大幅扩大核武器氚材料生产

军用氚是热核武器的核心装料，是美国目前唯一正在生产的军用核材料。氚的半衰期为12.3年，每年因衰变而损失5.5%，不能无限期地储存或重复利用，因此必须定期对核武器进行氚的补充。2018年发布的《核态势评估》报告提出在未来几年大幅提升氚产量；2020年3月美国能源部发布《2021财年预算报告》，提出多项举措以提升氚材料的产值，全面保障2025年达到生产2.8千克氚的目标。

1. 美国目前使用核电反应堆产氚

氚在自然界中的含量极低，必须由人工生产。冷战时期，美国使用重水堆产氚，满足核武器需求。1988年重水堆停止运行，美国失去产氚能力。此后，为补充因衰变而损失的氚，美国将退役核武器中卸出的氚处理后重新用于核武器。但据估算，采取该措施，氚只能供应至2005年，不能满足长远需求。为此，美国能源部在20世纪90年代立即启动新的产氚方案研究，并在1998年12月宣布核电反应堆产氚为首选方案，并指定使用田纳西流域管理局（TVA）的瓦茨巴核电反应堆。TVA是美国最大的国有电力公司，拥有7座核电反应堆、29座水电站。按照创建之初的《田纳西河谷管理局法案》（1933年），TVA拥有为国防目的而采取行动的义务。1999年，能源部和TVA签订跨机构协议。协议要求TVA提供辐照服务，能源部向TVA补偿与产氚相关的所有费用，但TVA不得盈利。从2003年至今，能源部一直利用TVA的核电反应堆产氚。

核电反应堆产氚是一项综合性工作，涉及靶件设计、测试、制造，反应堆辐照，氚的提取等多个环节，主要流程如下：一是“产氚可燃吸收剂棒”（TPBAR）

的设计，由能源部太平洋西北国家实验室负责；二是 TPBAR 的测试，在能源部爱达荷国家实验室的先进试验反应堆进行；三是 TPBAR 的制造，由西屋电气公司负责；四是 TPBAR 的辐照，在 TVA 核电反应堆进行，辐照周期为 18 个月，靶中的锂-6 吸收中子后生成氚；五是氚的提取，即辐照后的 TPBAR 运至能源部萨凡纳河工厂，经氚提取装置提取氚并在 H 区新制造装置纯化，得到符合核武器使用要求的纯净氚。

2. 美国启用第二座反应堆产氚，大幅增加氚产量

应国会要求，2015 年核武器委员会对氚需求进行了评估，认为需要在 2025 年前将产氚能力提高到 2.8 千克，以保障长期供应。从 2003 年起，能源部采用瓦茨巴 1 号反应堆产氚，逐渐提高氚的生产能力，从最初辐照 240 根已扩大到 2020 年年初的 1 584 根 TPBAR。为提高氚产量，能源部决定一方面提高瓦茨巴 1 号反应堆的辐照数量，在 2020 年开始辐照 1 792 根；另一方面在 2020 年秋季启用瓦茨巴 2 号反应堆，第一个辐照周期装载 900 根，第二个辐照周期装载 1 584 根。届时，与 2020 年年初相比，氚产量提高 113%。

能源部太平洋西北国家实验室 2017 年公布的数据显示，2003—2017 年的 14 年中，能源部在 9 个辐照周期内共辐照 3 824 根 TPBAR，平均每根 TPBAR 的氚产量为 0.937 克，共产氚 3.584 千克。据此推算，估计从 2003—2024 年，共生产 14.952 千克氚；到 2024 年年底，瓦茨巴 1 号和 2 号反应堆产能超过 3 千克，高于能源部预计的 2.8 千克需求。

3. 氚生产技术与能力建设

如前文所述，反应堆辐照是氚生产的环节之一。为全面保障 2025 年前达到 2.8 千克的氚生产目标，美国还在采取其他多项措施。

（1）技术改进：能源部在爱达荷国家实验室的先进试验反应堆对靶丸性能测试样品进行辐照后检查，了解偏铝酸锂靶丸的延时释放性能，并评估较小体积的靶丸构造；能源部对瓦茨巴 2 号反应堆堆芯设计和瓦茨巴 1 号反应堆已改进的安全性进行分析；解决 TPBAR 氚产量的技术问题；进行氚实验、分析和建模，以减少氚生产风险。

（2）TPBAR 制造：TPBAR 制造涉及十几种专业部件，TPBAR 供应商需要持续生产镀层锆合金吸气剂和特殊涂层的不锈钢包层管；十多年前批量生产的锆合金衬里和偏铝酸锂靶丸，如今已全部用尽，TPBAR 供应商最近重新开始生产这两种部件。

（3）氚的提取：辐照后的 TPBAR 在萨凡纳河场址的氚提取装置进行提取，产量提高后，工作量从此前的每年 4 批次增加到 8 批次。为此，需要进行以下工作：一是培养和留住专业人才；二是提取氚时会产生放射性核素锌-65，评估减少锌-65 的方案；三是更换过时的安全访问系统；四是改进安全和控制系统。

（4）自主低浓铀燃料：TVA 核电反应堆生产军用氚，需要使用美国本土生产的低浓铀。为此，正在开展 3 项工作：一是利用现有的低浓铀库存和国防冗余高浓铀掺混的低浓铀，保障氚生产所需的低浓铀燃料供应，当前的库存可维持到 2041 年；二是储备和发展铀浓缩专业知识和技术；三是执行订购流程，重建本国铀浓缩能力。能源部正在支持森图斯公司的 AC100 大型离心机和橡树岭国家实验室的小型离心机的研发，并于 2019 财年启动小型离心机初步级联测试；准备一旦获准，着手建设铀浓缩技术示范厂。

4. 小结

全面保障热核武器氚材料的供应是美国政府大力推动核力量建设的重要举措，多年来为了补充和更新核武库，美国逐渐扩大军用氚材料的生产，以支持到 21 世纪 30 年代以及未来的核威慑能力，维护美国作为世界核大国的霸主地位。美国能源部为了在 2025 年达到每个辐照周期生产 2.8 千克氚的目标，即将启用第二座核电反应堆产氚，并在技术改进、TPBAR 制造、氚的提取和自主低浓铀燃料等方面都取得新的进展。

（中核战略规划研究总院

审查专家：黄国俊、李景、康力新、诸旭辉）

七、美国加强核武器用炸药研制生产管理

2019 年 6 月，美国政府问责署发布《改进核武器用炸药材料的管理》报告，全面审查了能源部国家核军工管理局核武器用炸药材料相关活动的现状及存在问题，提出改进意见。

1. 炸药在美国核武器中的应用

炸药是核武器不可或缺的组成部分，美国核武库中约 100 个不同部件含有炸药材料。炸药材料包括高能炸药、推进剂和烟火药，其中推进剂和烟火药又被称为低能炸药。就核武器而言，这三类炸药都起到重要作用。高能炸药可分为常规高能炸药和钝感高能炸药，广泛应用于核武器中的主炸药、雷管、中子发生器、引爆控制系统等；推进剂在自旋火箭发动机中使用；烟火药应用于气体传输系统等。

2. 美国核武器用高能炸药的生产和使用

高能炸药的生产通常需要经过合成、配方、压制和机加工等四个步骤（见图 3）。（1）合成，使用化学试剂生产细粉状的原始炸药；（2）配方，将炸药粉末与塑料黏合剂按一定比例混合，生产具有所需特性的混合物，一般为不规则的鹅卵石形状；（3）压制，将配制的炸药压制成所需形状和密度；（4）机加工，使用计算机控制的设备将炸药切割成最终形状。每一步完成后，都需要进行机械、安全和性能等方面的分析测试。

目前，美国核武器用高能炸药有环四亚甲基四硝胺（HMX）、季戊四醇四硝酸酯（PETN）和三氨基三硝基苯（TATB）等；主炸药仅采用 HMX 或 TATB

按一定配方制成的高能炸药；其中，TATB是美国目前唯一应用的钝感高能炸药分子。

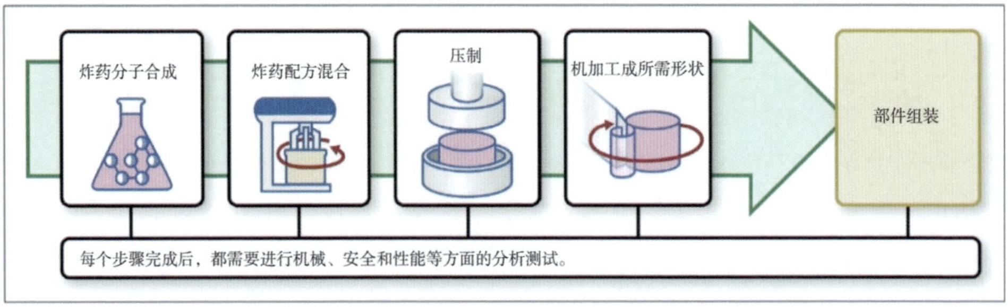

图3 美国核武器用高能炸药的生产过程

3. 美国核武器用炸药的科研、生产分工

能源部国家核军工管理局下属五家核军工单位从事核武器用炸药的设计、生产和测试活动。其中，劳伦斯·利弗莫尔国家实验室设计、开发新型钝感高能炸药的主炸药配方；潘特克斯工厂生产、加工主炸药；洛斯阿拉莫斯国家实验室负责主炸药雷管的设计、生产，以及炸药的研发；桑迪亚国家实验室设计、生产非核炸药部件；内华达国家安全试验场负责开展高能炸药相关的试验测试活动。此外，第三方供应商为能源部生产炸药材料以及相关设备，最大的供应商为霍尔斯顿陆军弹药厂。

核武器用炸药的研发、生产和试验活动通常要由多家单位协作完成。以W80-4延寿计划为例，劳伦斯·利弗莫尔国家实验室为炸药设计了新的TATB合成工艺和配方，经大量试验测试后交付霍尔斯顿陆军弹药厂进行批量生产；潘特克斯工厂与劳伦斯·利弗莫尔国家实验室合作对成品主炸药进行压制和机加工，并独立开展试验测试；雷管方面，洛斯阿拉莫斯国家实验室与劳伦斯·利弗莫尔国家实验室合作开展雷管设计工作，由洛斯阿拉莫斯国家实验室进行生产和测试；作为生产的一部分，洛斯阿拉莫斯国家实验室对30年前购买的库存PETN进行了重新处理；最后交付潘特克斯工厂完成武器组装。

4. 美国核武器用炸药面临设施老化和原料短缺问题

20 世纪 90 年代初，能源部停止了核武器关键炸药材料的生产。近年来，开始恢复核武器用炸药的研制、生产和试验，以替换或改造库存核武器部件，支持正在进行的核武库延寿和现代化计划。然而，能源部国家核军工管理局 40%的炸药基础设施为 20 世纪四五十年代投产，设施严重老化，维护费用高，存在严重的安全隐患。此外，国家核军工管理局面临多种炸药供应断链问题。以钝感高能炸药 TATB 为例，1992 年暂停核试验后，美国对 TATB 的需求降低，两家国内供应商于 1993 年停止生产；1993—2005 年间，美国从英国公司购买 TATB 用于满足国防需求；2007 年起，美国着手恢复 TATB 制造能力，霍尔斯顿陆军弹药厂从 2014 年开始重新生产 TATB；但由于材料性能尚无法满足要求，霍尔斯顿陆军弹药厂生产的 TATB 目前无法用于核武器延寿计划。

5. 美谋划全面提升核武器用炸药管理和科研生产能力

当前，美正同步推进五项核武器现代化计划（B61-12 延寿、W88 改型 370、W80-4 延寿、W87-1 延寿、W93 研发计划），未来一段时期对各类核武器用炸药的需求将显著提升。为满足供应需求，进一步改善核武器相关炸药活动的管理与协调，能源部国家核军工管理局于 2018 年制定了首份《含能材料国防战略规划》，提升核武器用炸药的管理和科研生产能力。

一是提高管理能力，计划将高能炸药提升为“战略材料”，视为与铀、钚、氚、锂同等重要。二是创新生产工艺，联合多家实验室开发炸药的增材制造工艺。三是新建基础设施，如计划在潘特克斯工厂建造新的炸药配方和压制设施。四是提高核武器用炸药采购订单的优先级，保障核武器现代化计划的进度。针对政府问责署审查报告提出的“无量化指标，尚未全面覆盖和细化炸药库存”等问题，2019 年 5 月，能源部国家核军工管理局表示将加强炸药材料的集中统一管理。

6. 小结

炸药材料是核武器的重要组成部分，美计划将高能炸药提升为“战略材料”

进行管理，恢复钝感高能炸药生产，研发全新工艺流程，新建相关基础设施，提高采购订单优先级，彰显其核武器现代化的决心。

（中核战略规划研究总院

审查专家：黄国俊、李景、康力新、诸旭辉）

八、美国发展新型海基核巡航导弹的动因及影响分析

根据 2018 年《核态势评估》报告要求，美国国防部于 2020 财年启动新型海基核巡航导弹方案论证工作，计划 2022 年开始项目研制。美国此举针对中国的意图明确，将对我国周边安全态势产生复杂深远影响。

1. 背景

“冷战”期间，美国在与苏联的核军备竞赛中建立了庞大的战术（也称“战区”或“非战略”）核武库。1983 年起，美国开始在潜艇和水面舰艇部署“战斧”海基核巡航导弹。“冷战”结束后，美国退役了大部分战术核武器，仅保留海基核巡航导弹和空基核重力炸弹。奥巴马政府 2010 年《核态势评估》报告宣布退役“战斧”海基核巡航导弹，至此美国仅保留空基战术核能力。

特朗普政府 2018 年《核态势评估》报告提出以战术核能力强化核威慑，重新开发现代化的、具备核能力的海基核巡航导弹。国会《2020 财年国防授权法案》拨款 500 万美元用于新型导弹的备选方案分析。国防部计划 2022 财年正式启动导弹研制项目，7～10 年部署。

目前相关研发计划尚未最终确定，根据美国防部官员讲话及媒体披露的信息，新型海基核巡航导弹可能由“弗吉尼亚”级核潜艇搭载，携带正在延寿升级的 W80-4 空射核巡航导弹弹头（威力 0.5 万～15 万吨梯恩梯当量）。经费方面，参考空军正在开发的远程防区外空射核巡航导弹项目，研制新型海基核巡航导弹可能需要 80 亿～90 亿美元。

2. 动因

2020年7月，美国国务院发布《强化威慑并降低核风险：海基核巡航导弹》文件，全面阐述其重新发展海基核巡航导弹的战略意图。

（1）弥补与俄罗斯和中国的能力差距

美认为，俄现有约2 000枚战术核武器，可由弹道导弹、巡航导弹、重力炸弹、鱼雷、深水炸弹、防空导弹等近20种武器系统搭载，而美仅在欧洲部署150枚核重力炸弹，战术核武器规模和运载工具种类远不及俄罗斯；中国战区核能力日益提升，而当前美在印太地区未部署战术核武器。

（2）落实“定制威慑”核战略

美认为，战术核武器能力上的差距可能导致俄罗斯和中国在与美国及其盟国的常规军事冲突中首先使用该类武器，美仅有的空基战术核武器面临被俄中日益增强的“反介入/区域拒止”能力拦截的风险。为防止俄中获得“升级优势”，美国2018年《核态势评估》报告提出“定制威慑”核战略，海基核巡航导弹将在其中发挥关键作用。

（3）增加区域核威慑的灵活性和多样性

美认为，面对未来与俄中可能的军事冲突，区域核威慑必须可靠、有效。与空基核力量相比，海基核力量在生存、突防、快速响应、打击时敏和高价值目标等方面具有显著优势。

（4）强化对印太地区盟国的核保护

美认为，2010年退役的海基“战斧”核巡航导弹曾在美印太地区延伸威慑中发挥重要作用。重新部署海基核巡航导弹不需要依赖盟国领土，且有助于提升盟国对美的信心，其意义将超出核武器本身，对盟国部署美导弹防御系统和非核打击能力等产生影响。

（5）刺激俄罗斯与美就战术核武器开展军控谈判

美认为，美俄核裁军体系未限制俄罗斯战术核力量发展，而美缺少有力的谈判筹码推动美俄战术核武器军控进程。美欲效仿“冷战”时期以“潘兴”-Ⅱ迫使苏联谈判限制陆基中导的做法，以海基核巡航导弹逼俄罗斯就范。

3. 影响

战术核武器爆炸威力低、附带损伤小，结合巡航导弹命中精度高、突防能力强等优势，以海基方式抵近部署可突袭打击，能够对重点军事目标、特别是以机动核力量为代表的时敏目标造成有效毁伤，比战略核武器更适用于实战。

“冷战”时期，美国曾在日本、韩国、中国台湾、关岛部署战术核武器，最多时超过 3 000 枚。当前，美以中国为主要战略对手挑起大国竞争，“定制”针对中国的核威慑战略，强化核武器实战作用，重新发展并计划在印太地区部署适用于战区作战使用的海基核巡航导弹，以此丰富对抗中国的手段，将使我面临的核威胁显著增加。此外，美恢复在印太部署战术核武器的政治和外交影响深远，可能增强域内国家对抗中国的决心，影响美反导、陆基中导等武器部署态势，我需高度重视。

（中核战略规划研究总院
审查专家：黄国俊、李景、康力新、诸旭辉）

九、美国冗余钚处置进展情况

美国对国防不再需要的冗余钚进行处置，处置方案历经多次变化，当前的方案为“稀释和处置”。能源部2021财年为冗余钚处置申请3.05亿美元预算，比2020财年拨付增加了8 700万美元。

1. 美国冗余钚库存情况

钚是核武器的核心装料，是核武器爆炸的重要易裂变材料。冷战时期，美国为了与俄罗斯开展核军备竞赛，共生产了103.4吨军用钚，足以制造5万多枚核弹头。20世纪80年代后期，美国停止军用钚生产。

据美国政府问责署2019年10月的报告指出，截至2019年5月，美国能源部库存中有57.2吨冗余钚，其中包含33.3吨钚弹芯、6.5吨非弹芯钚金属、6.4吨氧化钚、7吨乏燃料和4吨反应堆燃料。

2. 能源部采用“稀释和处置”方案处置冗余钚

冷战结束后，美俄在核裁军领域达成了多项共识，推进削减核弹头和销毁核材料进程。在此背景下，美俄2000年签署《钚管理和处置协议》，规定双方各自处置至少34吨军用钚。2010年4月，美俄签署补充协议，确定采用混合氧化物燃料方案（以下简称“MOX方案”）处置冗余钚。为此，美国筹建“MOX燃料制造装置”。由于建设费用急剧上升且进度严重拖期，2016年能源部决定终止建设该装置，并计划对其改造用于钚弹芯生产。2016年10月，俄罗斯以美国更改处置方案为由暂停执行《钚管理和处置协议》。

为了解决冗余钚的处置问题，2016年能源部决定采用“稀释和处置”方案，认为该方案可显著降低冗余钚处置成本，估计其全周期总成本为196亿美元，不到MOX方案总成本494亿美元的一半。

“稀释和处置”方案包括钚转化（金属钚转化为氧化钚）、氧化钚稀释、封装和永久处置等步骤。其中，钚转化在洛斯阿拉莫斯国家实验室的4号“钚装置”（PF-4）的“先进回收和综合提取系统”（ARIES）完成。因为氧化钚相对稳定，是长期储存钚的首选形式，也是最适合稀释的钚形式。氧化钚稀释和封装在萨凡纳河厂完成，先用惰性材料稀释至钚的重量占比低于10%，以阻止钚回收；然后装入合格容器，运往废物隔离中试厂永久处置。

已有26.2吨钚弹芯和3.5吨非弹芯钚金属列入了能源部国家核军工管理局的“稀释和处置”计划。其中，26.2吨钚弹芯将在2045年前转化为氧化钚。另外，根据另一项冗余钚处置计划，能源部还将转化6吨冗余钚。

3. 能源部采取多举措推进冗余钚处置

一是平衡冗余钚处置和钚弹芯生产的需求。2018年，美国推进钚弹芯生产，计划每年在洛斯阿拉莫斯国家实验室生产30个钚弹芯。钚弹芯生产成为其最高优先级任务，原用于钚转化的部分加工区域将用于钚弹芯生产，用于钚转化的安全储存库也会被占用。另外，4号“钚装置”始建于20世纪70年代，后续设施老化维护会更加频繁。能源部表示，正在努力平衡冗余钚处置和钚弹芯生产的需求。

二是提升洛斯阿拉莫斯国家实验室钚转化能力。洛斯阿拉莫斯国家实验室“先进回收和综合提取系统”自1998年建成以来拆解钚弹芯并转化为氧化钚约1吨，据估计，该系统运行一年可转化0.3吨～0.4吨钚。美国能源部计划2033年将其钚转化能力提至1.5吨/年，为此，准备安装新的手套箱、设备和配套系统，增加员工数量，并增加钚的存储空间。

三是提高萨凡纳河厂氧化钚稀释能力。萨凡纳河厂当前氧化钚稀释能力约为0.02吨/年。能源部计划2028年前将该能力提至1.5吨/年，为此，准备2028年前投资4.48亿～6.2亿美元，安装新的手套箱、设备和配套系统，扩大其稀释能力。

四是加速将钚从萨凡纳河厂移除。美国能源部正优先将萨凡纳河厂存放的冗余钚运至洛斯阿拉莫斯国家实验室进行氧化，并加速在该厂稀释的氧化钚运往废物隔离中试厂进行处置。

4. 小结

冗余钚处置是美国能源部21世纪以来重要的工作之一。但是由于存在设施老化、空间有限等问题，该项工作一直进展缓慢。能源部正在采取多项措施推动该工作，目前选择“稀释和处置”方案进行冗余钚的处置和管理，能源部能否如期完成冗余钚处置尚存不确定性。

（中核战略规划研究总院

审查专家：黄国俊、李景、康力新、诸旭辉）

核电与核燃料篇

一、主要国家核能产业体系发展特点

核能是安全、环境友好的能源。美俄等主要国家为了满足国家安全和能源安全的需要，在政府政策引导和大力支持下，积极发展核能产业，建立了产研一体、军民融合、技术先进、完整配套的核能产业（核电和核燃料循环）体系，并仍在积极创新发展，推进核能可持续并在更大范围推广应用，提高国际竞争力。

1. 主要国家核能产业发展现状

截至 2020 年 3 月 23 日，全球 31 个国家/地区共有 442 台核电机组运行，总装机容量为 39 055 万千瓦；53 台机组在建，总装机容量为 5 632 万千瓦。美、法、俄、日、印运行机组均超过 22 台，它们的机组数量和装机容量之和占到全世界的近 60%。这些国家均在继续推动核能产业发展。

（1）美国

美国是世界上第一核电大国。截至 2020 年 3 月 23 日，有 96 台机组运行，总装机容量接近 9 800 万千瓦；2 台机组在建，总装机容量为 223 万千瓦。2018 年核发电量 8 080 亿度，占全国总发电量的 19.3%。

美国核能技术水平长期处于世界领先地位，已建立历史最长、技术最先进、配套完整的核能产业体系，具备核电整机设计建造能力，部分核燃料循环环节如铀浓缩产能不足。

美国核能产业发展的主体是私营公司，其中具有代表性的西屋电气公司（以下简称“西屋电气”），全球近一半运行的核电反应堆基于其技术研发。西屋电气目前拥有约 9 000 名员工，业务领域包括核反应堆、核燃料等，业务遍及中国、英国、法国、韩国等19个国家。

（2）俄罗斯

俄罗斯是目前世界上核能领域最强有力的竞争者。截至2020年3月23日，有38台机组运行，总装机容量为2 842万千瓦；4台机组在建，总装机容量为452万千瓦。2018年，核发电量为2 043亿度，占国家总发电量的17.9%。

俄罗斯始终坚持先进技术研发，已建立世界上规模最大、体系最完整、技术先进、国际竞争力强的核能产业发展体系，具备强大供货能力，不仅自给自足，而且还大量出口。

俄罗斯核能产业主要集中于国有的“俄罗斯国家原子能公司”（以下简称“俄原”）。俄原拥有约350家公司，从业人员超过25万，2018年总收入164亿美元，其中海外收入约占40%（65亿美元）。业务领域涵盖整个军核、民核产业链，除了负责核能发展，还拥有俄唯一的核军工综合体，是俄实施有效核威慑的王牌力量之一。业务遍及中国、美国、英国、法国、伊朗、韩国等40余国。

（3）法国

法国是世界上核电占比最高的国家，是第二大核电国家。截至2020年3月23日，有57台机组运行，总装机容量6 225万千瓦；1台机组在建，装机容量为163万千瓦。2018年核发电量为3 959亿度，占全国总发电量的71.7%。长期坚持先进技术研发，已建立技术先进、配套完整、规模较大的核能产业体系，具备强大供货能力，不仅自给自足，而且大量出口。

法国核能产业发展主要集中于欧安诺和法马通，这两家公司是由原阿海珐集团重组后组建。欧安诺由法国政府控股，拥有16 000名员工，2019年总收入37.87亿欧元（约合42.40亿美元），其中海外收入占一半以上。业务领域包括铀矿、核燃料循环前端（铀转化、铀浓缩）、后端（乏燃料后处理、核设施退役等）。业务遍及加拿大、中国、欧盟、德国、日本等至少14个国家/地区。法马通由法国电力公司控股，拥有14 000名员工，2019年总收入33.77亿欧元（约合37.8亿美元）。业务领域包括核反应堆、核燃料等，业务遍及美国、中国、德国等至少19个国家。

（4）英国

截至2020年3月23日，英国有15台核电机组运行，总装机容量为892万千瓦；2台机组在建，总装机容量为326万千瓦。2018年核发电量为591亿度，占全国总发电量的17.7%。

英国在运的核电机组由法国电力公司拥有并运行，在建的机组由法国法马通设计建造；由于核燃料循环能力有限，天然铀和铀转化依赖进口，在运的相关设施已列入退役规划。

（5）日本

截至2020年3月23日，日本共有33台核电机组可运行，总装机容量为3 168万千瓦；2台机组在建，总装机容量为265万千瓦。2018年，核发电量为493亿度，占全国总发电量6.2%。

日本核能技术水平处于世界先进水平。已建立完整核能产业体系，具备核电机组整套供货能力，铀浓缩等部分环节产能不足。核能产业发展的主体是私营公司，由于福岛核事故，其出口受阻。

（6）印度

截至2020年3月23日，印度有22台核电机组运行，总装机容量为626万千瓦；7台在建，总装机容量为482万千瓦。2018年，核发电量为354亿度，占全国总发电量的3.1%。

印度已建立完整核能产业体系，具备自主设计建造运行核电站的能力与经验，后处理、快堆等处于世界先进水平，天然铀、铀浓缩等环节能力不足。核能产业高度集中于原子能部，该部下属单位的业务领域涵盖整个军核、民核产业链，除负责核能发展，还拥有印度唯一的核军工综合体。

2. 主要国家核能产业发展体系特点

纵观上述国家，其核能产业发展具有共同的特点。

（1）军民一体，融合发展

核技术具有极强的军民两用性。军民一体，既利于以民保军，满足国家安全需要；又利于促进技术发展，增加国际竞争力，扩大出口。各国体制不同，军民一体的程度有异。

俄罗斯和印度实行的是军民完全一体。俄罗斯先是开展军核业务，后扩大到民核领域；印度采取“以民掩军”，先是公开实施核能计划，在该计划下秘密生产军用核材料，研制核武器。

美国和法国实行的是军民融合。位于美国的西屋电气曾承接多项舰船核动力项目，正在开发的小型模块反应堆和耐事故燃料均有巨大的军事应用潜力。法国的欧安诺承担着军民两用核材料技术研发以及军用核设施退役等业务。

日本核能产业部分军民一体。日本采取“藏军于民”，核工业企业名义上都是开展民核业务，但利用后处理、实验快堆等生产了可用于制造核武器的易裂变材料，开发了可用于研制核技术的技术。这使日本具备了核武器研发潜力。

（2）产研一体，提高竞争力

核技术是高新技术，它需要核物理、核化学与放射化学、电子、材料、工程等多学科交叉融合和极强的专业知识。因此，不管是军核还是民核，主要国家都采取了研发生产于一体的模式。这样，即利于促进技术创新，又可尽快实现规模化生产，提高国际竞争力。

美国军核研发生产的主要力量部署在能源部，私营公司部分力量补充。能源部的两个舰船核动力专业实验室主导舰船核动力系统设计建造，私营的柏克德是建造总承包商。能源部的 3 个国家实验室和 4 个工厂与 1 个实验/试验场共同组成“核武器联合体”，负责军用核材料研发、加工、生产，以及核弹头的设计、研制、组装、试验、维护等。美国核能研发生产的主要力量是私营公司，其中西屋电气的业务领域包括核反应堆设计建造、核燃料研发制造等，正在基于其开发的第三代核电技术在美国本土建造两座核电机组，并开展小型模块堆、耐事故燃料研发。

俄罗斯的军核、民核主体研发生产一体化部署在俄原。俄原的业务部门分为核武器部、工程部、机械工程部、电力工程部、燃料部、寿期循环后端部等，每个部门都有配套的研发生产单位。其中，核武器部拥有以两家核武器设计单位为核心、37 家机构组成的庞大科研生产综合体，工程部负责核反应堆设计建造，机械工程部负责动力机械设计制造，电力工程部负责核电厂运行和电力生产，燃料部负责铀转化、铀浓缩、核燃料研发生产，寿期循环后端部负责后处理、MOX燃料、核设施退役等研发生产。

法国的军核主体研发生产一体化部署在原委会，原委会下属的研究中心承担核武器设计、制造、试验、维护，并主导舰船核反应堆设计建造。核能产业研发生产主体一体化部署在欧安诺和法马通：欧安诺主要从事核燃料循环前端和后端研发生产，法马通主要从事核反应堆、核燃料研发生产。

（3）上下游产业链完整，保障可靠供应

核电主要国家均建立了完整的核能产业体系，既可确保稳定可靠供应，保障能源安全，又可以民保军，满足国家安全需求。经过几十年的发展，由于各国政策、条件所限等因素的变化，产业链的完整程度不同，能力大小有差异。

其中，俄法的能力大、竞争力强，自给自足，还大量出口。俄原的核电、铀浓缩在国际市场中位列第一，铀矿列第二，核燃料列第三；法国欧安诺的铀转化列第一、核燃料列第二、铀浓缩和铀矿列第三。

印度核能发展计划包括三种类型核反应堆（热堆、快堆、钍基燃料反应堆），已建立基于热堆的完整产业链。目前正努力建立基于快堆和基于钍基燃料反应堆的完整产业链，一旦该产业链建成，其军用核材料生产能力和水平将极大提升，核威慑力进一步增强。

日本是无核武器国家中唯一设计建造运行后处理厂的国家，且建立了铀浓缩能力，从而成为无核武器国家中唯一拥有完整产业链的国家。基于该产业链，日本生产了可用于制造核武器的易裂变材料。

英国是世界上核能发展较早的国家之一，曾建立完整核能产业链。但由于核电建设不顺，曾暂停核电计划，并且暂停了军用核材料的生产，因而已失去独立发展核能的能力，2000年后将核工业的重点转到清污，并将在运核电厂出售。英国为确保能源安全并实现减排目标，2008决定重启核能发展计划。但由于多年没有开展核电建设，预计英国在一段时期内难以实现独立自主。

3. 小结

核能产业具有显著的战略性。美俄法等主要国家为了满足国家安全需求，保障能源安全，提升国际竞争力，政府长期高度重视，主导或引导核能产业的发展，并提供强有力的政策、技术和经费支持。

核能产业因为技术难度高、投入大、周期长等特点，主要国家在核能产业发展中都保持军民一体、产研一体，并追求上下游产业链完整，建立了完整配套的核能产业体系，成为核能发展的佼佼者。

美俄法等核强国均在大力建设与推动第三代核电技术应用，研发或合作研发小型模块堆、快堆、耐事故燃料等先进核能技术，提高核电安全性、经济性，确保核能可持续发展，并抢占核能发展新高地。

（中核战略规划研究总院

审查专家：黄国俊、李景、康力新、诸旭辉）

二、美国《恢复美国核能竞争优势战略》解读

2020 年 4 月 23 日，美国能源部发布《恢复美国核能竞争优势——确保美国国家安全的战略》（以下简称《战略》）。《战略》包括美核能现状、战略手段、国家安全利益等方面的内容，对美国整个核燃料供应链进行全面评估，调查了包括铀矿开采、铀转化、铀浓缩、核电以及行政监管方面的情况，系统分析了美国国内整个核能领域产业和技术发展态势，研究提出了振兴美国核能产业、恢复美国核能领导地位的战略建议。该《战略》若得到执行，不仅会大力推动美核能产业全方位发展，同时也会遏制我国核能产业出口和发展，对我国家安全造成严重不利影响，需高度警惕。

1.《恢复美国核能竞争优势战略》发布背景

2019 年 7 月 12 日，时任美国总统特朗普签署一项备忘录，决定组建由总统国家安全事务助理和经济政策助理担任联合主席的“美国核燃料工作组”（NF-WG）。工作组由国务卿、财政部长、国防部长、内政部长、商务部长、能源部长等政要和白宫管理与预算办公室主任、科技政策办公室主任等指定人员组成，其任务主要是全面评估国内核供应链，审查核燃料生产现状，研究恢复和扩大国内核燃料生产的国家战略。

NFWG 成立之后以跨机构合作的方式，在全面评估和系统分析的基础上，明确以恢复美国核能领导地位以恢复美国核能竞争优势为战略指导，研究形成了本《战略》。

2.《恢复美国核能竞争优势战略》的内容要点

《战略》内容分九个部分，包括：美国核能领域现状、核能发展与国家利益关系、恢复核能竞争优势战略指导、振兴美国核工业的国家措施和政策建议等。

（1）美核能领域全球领导地位已被替代

《战略》指出，美国在核能领域的全球领导地位已经被俄罗斯和中国等国的国有企业取代。由于较长时间忽视对本国核能产业的重视和支持，美国生产本国核燃料的能力濒于丧失，美国商业核电行业（从铀矿开采到发电）面临着破产的风险，威胁着美国家利益和国家安全。同时，美国在全球的能源主导权受到冲击，俄罗斯以能源作为胁迫“武器”，成为核能市场的领导者，有着1 330亿美元的反应堆国外订单，并计划在19个国家承建超过50座反应堆；中国运用“掠夺性”经济作为治国手段，在国外已有在建反应堆4座、酝酿在多个国家另建16座反应堆；而美国却没有任何国外订单，没有进入到全球新建核反应堆市场。

外国国有企业都是按照各自国家战略经济和外交政策目标运营，美国核能工业要同时面对某些国家行为者和来自这些国家国有企业的竞争。美国商务部估计未来十年内该市场价值将达5 000亿～7 400亿美元。美国不应该自欺欺人地认为美国核反应堆行业是在一个真正自由的全球市场中运营，而任凭其自生自灭。

（2）核能与国家安全紧密相关

《战略》从8个方面阐述了核能对美国国家安全的支撑。一是铀矿既可用于和平利用又可用于国防目的，在经济发展和国家安全上具有重要作用；二是核电是美国基荷能源，满足了美国约20%的电力需求，为保障能源安全和主导权、促进人民福祉和经济发展发挥了重要作用；三是国防部设施主要依靠国家电网（含核电）供电，国防部还在开发一种先进的微型核反应堆，核能的发展有利于确保国防部完成任务；四是强大核工业能力和核技术全球领先地位，维系美国在全球核不扩散体系中的信誉，美国严格的核不扩散和安全标准得到国际公认，有力保障了美国家安全；五是核能发展和国际合作有利于美实施外交政策，与他国建立良好的经济、安全和地缘政治关系；六是有利于满足国防需求，包括生产军用氚所需的低浓铀（目前的低浓铀可满足2041年前的需求）和海军核反应堆所需的高浓铀（目前可满足到2050年的需求）；七是有利于铀供应保证，包括铀矿和铀转化的供应保证；八是核能人才和供应商为核能国防工业奠定了基础，有利于保证国家安全利益。

（3）制定恢复美国核能竞争优势的战略规划

《战略》认定保持美国核企业的整体资产和投资及振兴核电行业以重获美国的全球核领导地位符合美国国家安全利益。意识到维护一个强大的核能产业以支持美国的商业和国防需求对国家安全至关重要，美国需要一个强大的民用核工业来确保国防安全，因此在制定战略时考虑了4项不同的政策选择以创造新的商业需求。

一是恢复美国核能领导地位的战略，旨在摆脱困境及恢复美国的相对核能优势。该战略将降低燃料循环的风险、确保国家安全、恢复美国在技术和核不扩散标准方面的国际领导地位，从而重振美国核工业，在全球核市场上扩大竞争力。

二是建立一个充满活力且自给自足的美国核能产业。政策建议指出，核燃料循环各个阶段的相互依赖性，使得从国内铀矿开采与下游出口行业的关系密不可分，更与核燃料循环整个前端的良性发展息息相关。为了防止铀矿开采、加工和转化行业在短期内崩溃，必须重视支持当前核燃料循环前端的所有运营环节。

三是为了在能源格局中更广泛的利用清洁、可靠、有弹性的核能资源，加大对工业复兴的支持力度。承诺发展良性的商用和民用核电行业，以吸引私人投资。通过有重点且谨慎执行的行动，改善从铀矿开采到反应堆运行等核电行业的长期前景，重振和壮大核电行业的发展。

四是提出对行政、监管和立法提出政策调整目标。如立即采取行动支持国内铀矿开采商，并恢复整个核燃料循环前端的生存能力以减少损失；大幅减少不必要的许可和监管负担、公平对待国内企业的竞争环境，以助推国内核产业振兴；在技术和标准方面引领世界以恢复美国在下一代核技术方面的领导地位；积极拓展竞争空间并挑战竞争对手以增强出口竞争力。政府近期的行动重点是助力重振美国的铀矿开采、激励日渐衰落的核燃料子行业、振兴美国的潜在能力、恢复和保持美国的技术优势，并推动美国相关行业的出口。调整政策的同时要关注国内外安全利益、最大限度地弥补财政漏洞、提升核能发电的能力，并确保铀的国防需求。

（4）提出振兴和壮大美国核能工业的主要措施

一是建立铀储备。在2021财年预算中为美国铀矿开采和转化服务的竞争性采购提供资金，同时考虑解决铀矿开采部门和铀浓缩的资金压力；为解决过度依赖进口铀产品，支持形成美国核燃料循环的战略能力，建立新的铀储备。最终目标是为美国和盟国建立适当保障措施，防止其他国家不公平干预市场或其他干扰，为确定战略性用途提供铀储备。

二是增加市场的确定性，消除不必要的监管负担。终止能源部的铀交易，重新评估冗余铀库存管理政策；采取行动为能源行业创造一个公平的竞争环境，以提高整个能源市场的竞争力；精简监管改革和土地使用权审批程序；延长《俄罗斯中止协议》以防止在美国市场出现铀倾销；出于国家安全考虑，可停止进口俄罗斯或中国制造的核燃料。目标是降低国内铀开采、转化、浓缩和燃料制造的成本，确保在其他国家国有企业主导的全球市场中长期生存。

三是引领技术发展和标准建立。资助耐事故燃料的研发，完成高丰度低浓铀研发和示范项目，资助铀矿水冶和地浸技术发展；支持国家反应堆创新中心和多功能试验反应堆建设；资助美国先进核反应堆技术的研发和示范项目；示范如何使用小型模块化反应堆（SMR）和微型反应堆为联邦设施供电。

《战略》建议利用美国联邦政府的购买力来拉动需求。如国内电力的购买，国防安全重要设施专用电力的购买；先进核反应堆技术因其规模和安全特性也可拉动需求，下一代核反应堆可能是直接向军事设施和其他国家安全基础设施提供弹性和可靠的离网电力的理想选择。

四是采取措施增强美国的出口竞争力。设置专门负责核出口的高级职位；建立类似军工的核工业基地；资助研发国际销售的商用燃料替代品；提高出口办理效率；扩大民用核能国际合作计划；金融机构支持民用核工业与国外政府进行融资竞争；推动重新进入研究反应堆的供应市场。

3. 小结

核能产业的良性发展对确保国家安全的重要性已成为特朗普政府的普遍共

识。特朗普 2017 年上台后，一直积极推动核能工业振兴，在 2017 年 3 月 28 日的总统令中将核电作为促进美能源独立的重要手段；2017 年 6 月 29 日表示要振兴和壮大核能产业。在特朗普的支持和推动下，美国国会通过了促进核能发展的法案，能源部发布《先进核反应堆开发部署愿景与战略》，统筹规划核能发展。此次发布的《战略》，是美国从总统至国务卿、财政部、国防部、内政部、商务部、能源部等所有与核能工业发展相关的部门达成的共同意见。

《战略》报告通篇以俄罗斯和中国为大国战略竞争对手，从现状分析、国家利益和安全，到恢复美国核能竞争优势的战略思考、政策调整和行动举措，强调跨机构合作，多部门协同，内容和步骤比较具体，对我国的针对性很强。当前，美策划挑起的中美核能产业和技术“脱钩”进程仍在继续，我们应认真分析，统筹谋划，综合施策，沉着应对，抓住美核能工业重振前的窗口期，积极发展，筑牢技术和产业发展成就，为保证国家安全做出更大贡献。

（中核战略规划研究总院

审查专家：黄国俊、李景、康力新、诸旭辉）

三、美国拟建汇集3D打印等前沿技术的反应堆

美国橡树岭国家实验室2020年3月向BWX技术公司授予燃料制造合同，以满足“转型挑战反应堆”（TCR）计划的研发需求。计划于2019年启动，由橡树岭国家实验室牵头，拟于2023年建成一座集成了3D打印等前沿技术的反应堆。

1. TCR计划背景

近年来，美国核工业在国内、外市场屡遭挫折，世界领导地位面临威胁：一方面，由于面临天然气和可再生能源的激烈竞争，美国国内不断有核电机组关闭；另一方面，由于现有技术缺乏竞争力，美国技术开发商在国际市场也屡屡碰壁，几乎没有获得核电建设项目订单。

鉴于核工业是一个战略性高技术产业，对于保障国家战略安全、能源安全和科技安全都具有重要战略意义，美国政府加大了对先进反应堆技术的研发支持力度，力求在世界新一轮的核工业发展中抢占制高点，保持并进一步加强在世界核工业领域的领导地位。目前美国正在实施60多个核技术研发项目。TCR计划是能源部正在大力推进的先进反应堆研发计划之一，于2019年启动，2019年和2020年分别获得了能源部的3 000万美元和2 300万美元经费支持。

2. 建设四方面能力

在TCR计划实施过程中，为了获得能够突破传统设计约束的先进反应堆设计，橡树岭将在四个方面开展能力建设并对相关技术进行示范：

一是使用包括3D打印在内的先进制造技术，建设和示范新型核反应堆制造能力；**二是**利用数据分析技术，结合设计和设备制造信息，建设数字化平台，实

现对反应堆设备质量的快速评价；**三是**将传感器嵌入关键设备构件中，实现信息实时收集，加强对设备运行工况的监测；**四是**尝试建立与需要人工决策的自动化运行模式不同的自主决策运行模式，为反应堆实现无人值守奠定基础。

3. TCR 反应堆

TCR 将使用氮化铀三元结构各向同性（TRISO）燃料、氦冷却剂和氢化钇慢化剂。尤为值得关注的是，堆芯结构件将使用 3D 打印技术制造，属世界首例。

整体布局创新、简洁（见图 4），能够以较低的造价实现快速建设。整个堆芯位于使用传统技术制造的不锈钢压力容器中。压力容器外有四个保护层，从里到外分别为可以移动的控制罩、使用先进技术制造的不锈钢反射层以及两个混凝土生物屏蔽层。

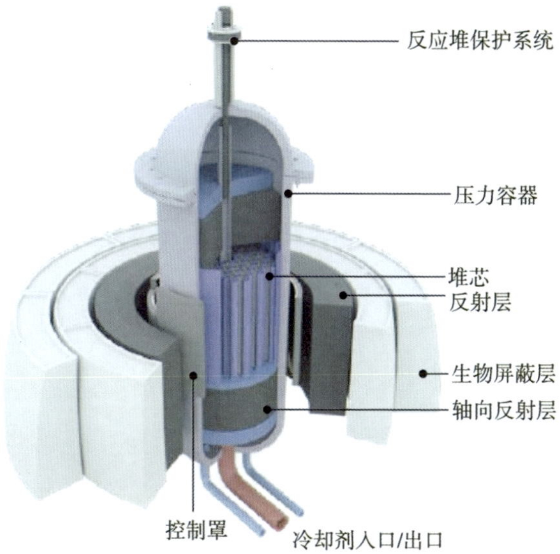

图 4　“转型挑战反应堆”设计示意图

设有两个保护系统：带有中央停堆棒的反应堆保护系统以及用于驱动控制罩的反应堆控制系统。控制罩在压力容器和反射层之间移动。每个系统均可在任何情况下独立实现安全停堆并使堆芯保持在冷停堆状态。

4. 小结

TCR计划由橡树岭国家实验室牵头，汇集了企业、标准制定组织和监管机构等各方力量，目标是综合利用在3D打印等先进制造技术、新材料、传感器和检测技术、计算科学以及数字化等领域的最新研发成果，于2023年建成一座热功率为3兆瓦的反应堆。

美国在TCR计划的实施过程中将构建四方面能力，突破传统反应堆的设计约束，推动反应堆技术实现跨越式发展，在大幅降低反应堆造价和缩短建设周期的同时，提高安全性和运行可靠性。

（中核战略规划研究总院

审查专家：黄国俊、李景、康力新、诸旭辉）

四、美国启动先进反应堆示范计划

2020 年 5 月 14 日，美国能源部宣布启动“先进反应堆示范计划”（ARDP），目的是资助工业界加快先进反应堆示范工程和推动技术长远发展。该计划旨在恢复美国核能竞争优势，以实现其在国际核能领域的领导地位。

先进反应堆具有显著技术优势，可减少碳排放、促进经济发展，并具有较大军事应用前景。美国第三代核电技术工业化不顺，国际信心不足，决定绕过第三代核电技术，试图充分利用其在小堆、微堆等先进反应堆技术上的总体优势，在满足军事用反应堆需求、实现国内核电反应堆更新换代的同时，扩大国际市场份额，力图实现技术超越与市场垄断。

1. 背景情况

特朗普政府高度重视核能工业发展，采取系列措施振兴与壮大核能工业，恢复美国在世界的核能领导地位。2017 年发布《先进核反应堆开发部署远景与战略》，统筹谋划先进反应堆开发部署；2018 年、2019 年先后通过《核能创新能力法》《核能创新与现代化法》，从立法层面保障核能创新。2020 年 4 月发布《恢复美国核能竞争优势——确保美国国家安全的战略》，对振兴与壮大美国核能工业进行全面谋划与部署，将核能作为大国竞争制胜的战略竞技场。美国正在配套推动的《核能领导地位法》《先进核能技术法》已经进入审查阶段，将进一步保障先进反应堆技术创新，加快先进反应堆工业化。

当前启动的“先进反应堆示范计划”是美国恢复核能竞争优势全面战略的重要组成部分，是落实其核能战略的重要举措，对加快美国先进反应堆工业化应用、催化国内关键基础设施建设和恢复核能供应链弹性具有重要的现实意义。

2. 先进反应堆的类型及特点

根据美国能源部发布的信息，其先进反应堆类型如下。

按冷却剂分，主要包括四种类型。一是先进小型模块化水冷堆，采用轻水做冷却剂，功率小于传统的轻水堆；二是液态金属冷却快堆，采用液态金属钠或铅做冷却剂，与轻水堆相比，可在更高温度、更低压力下运行；三是高温气冷堆，采用氦气做冷却剂，可在高温下运行；四是熔盐堆，采用氟化盐或氯化盐做冷却剂。

按功率分，主要包括三种类型。一是微堆，功率1～20兆瓦，可安装在平板卡车上，便于机动部署；二是小型模块化堆，功率20～300兆瓦，能够按照需求变化增减机组数量，扩大或降低功率水平；三是全尺寸反应堆，功率300～1 000兆瓦以上，可提供可靠、无排放基荷电力。

先进反应堆具有显著的特点和广阔的应用前景。一是安全性好，在事故发生时不需要或只需很少的操作员干预就可保持安全；二是具有广泛用途，可给工业工艺、海水淡化等供热，也可调整负荷满足间歇性电力需求；三是废物最小化，乏燃料数量减少，部分堆型可实现乏燃料的再利用；四是成本低，可在工厂建造且建造成本低。

3. 美国“先进反应堆示范计划”概况

从美国公布的信息中可以看出，“先进反应堆示范计划”包括以下6个方面内容：

一是加强先进反应堆评估。为加速先进反应堆技术路线的选择与方案择优，利用能源部国家实验室设施和能力，通过其下属的国家反应堆创新中心，开展先进反应堆的测试、示范和性能评估，以推动国家整体的研究计划。

二是实施“先进反应堆示范工程”。与工业界以成本共担的方式，通过征集、筛选、磋商和签署成本共担协议，资助后5～7年内可投运的两座先进反应堆设计。政府最高出资50%，工业界出资不低于50%。其中，政府2020财年出资1.6亿美元，每座反应堆投入8 000万美元。

**三是开展先进反应堆技术预先研究（原文为“降低未来先进反应堆示范风

险”)。与工业界以成本共担的形式，资助另外2～5种先进反应堆设计，降低先进反应堆设计的技术风险，支持未来潜在先进反应堆示范，其商业化比“先进反应堆示范工程”的反应堆约晚5年，到2030年前后实现商业化。政府最高出资80%，工业界出资不低于20%。

四是支持未来先进反应堆概念探索。将支持至少两种先进反应堆设计，促进其从设计到示范阶段迈进。这些设计比预先研究阶段的反应堆技术更超前5年，到2035年前后实现商业化。

五是完善先进反应堆监管。能源部与核管理委员会（以下简称“核管会”）协调确定并解决先进反应堆许可审批过程中的技术挑战，建立有效、可靠的先进核反应堆审批、监管框架。

六是解决先进反应堆保障监督问题。由核管会、能源部和工业界共同确定并解决先进反应堆保障监督及安保关切；评估先进反应堆保障监督问题，改进先进反应堆设计，解决保障监督、安保脆弱性等问题。

4. “先进反应堆示范计划”实施情况

为启动“先进反应堆示范计划”，美国2020财年拨款2.3亿美元。如前所述，其中1.6亿美元将作为实施先进反应堆示范工程的启动资金，用于能源部与工业界以成本共担的方式，在未来5～7年建成并投运两座先进示范堆。

美国已有20余种先进反应堆设计。预计将重点研发示范几种微堆和小型模块化反应堆。具体选择何种型号作为先进示范堆和技术预研的重点尚未公布，根据推测，目前纽斯凯尔小型模块化堆、奥克洛微堆（固定式快堆)、哈罗斯微堆、巴威-300小型模块化堆的技术成熟度相对较高。其中纽斯凯尔小型模块化堆进展最快，已于2019年12月完成了核管会设计认证的第4阶段安全审查，2020完成全部6阶段安全审查，计划在2027年建成一座由12个60兆瓦的纽斯凯尔小型模块化堆组成的核电厂。

5. 小结

核工业是高科技战略产业，是世界强国的技术必争之地。推动核能工业振兴、确保全球领导地位，是特朗普政府一项重要的国家战略。美国一是由总统授权、政府高层牵头、各主要政府部门联合，专题评估国内外形势，谋划部署恢复核能竞争优势的实施策略；二是由能源部牵头，协调安全监管等政府部门，统筹国家实验室等技术资源，并推动相关立法工作，确保先进核能技术发展的政策和法律环境；三是明确“先进反应堆示范计划”，实施示范工程、技术预研、概念探索三个层级工作计划，并由美国政府直接投资，加快先进反应堆技术的研发和布局。

我国在先进反应堆技术领域具备一定的技术优势和工程经验，建议在坚持稳定推进“华龙一号”第三代反应堆技术的基础上，加强组织和领导，加快先进反应堆的技术攻关，落实小堆、商业快堆等重点工程，同步安排先进反应堆技术的预先研究、概念探索，同步考虑和策划先进反应堆技术的安全监管框架体系、知识产权布局等工作，集中优势力量，尽快占领国际反应堆先进技术制高点，提升核能国际竞争力，推动我国从核大国向核强国转变。

（中核战略规划研究总院
审查专家：黄国俊、李景、康力新、诸旭辉）

五、印度持续推进快堆发展

2020 年 3 月 6 日，印度国会上议院科技、环境、森林与气候变化常设委员会发布报告公布原子能部 2020—2021 财年预算分配情况，同时披露 500 兆瓦原型快中子增殖堆（以下简称“原型快堆”）运行时间再次推迟，并敦促原子能部在 2021 年年底前开始调试原型快堆。这是印度第 8 次宣布推迟原型快堆运行时间，累计已推迟 10 年。印度不惜一切代价发展快堆，对于快堆的执 着已经超出发电和研究的范畴，其利用快堆生产武器级钚发展核武器的野心需高度警惕。

1. 印度快堆发展计划

（1）印度快堆发展现状

快堆被视为第四代反应堆技术，除发电外，还可用于生产优于武器级钚的超级钚，对于核武器发展具有特殊的战略意义。

印度长期贯彻执行重水堆—快堆—钍基先进重水堆“三步走”核能发展计划，其中第二步是建成快堆和快堆燃料循环设施，增殖并提取钚-239，同时发展钍铀燃料循环。1985 年，印度设计了原型快堆，2004 年开始建造。初始堆芯分四个区，其中两区采用 MOX 燃料，钚含量分别为 28% 和 21%，另外两区装入贫铀和控制组件。原型快堆设计热功率 1 200 兆瓦，电功率 500 兆瓦，运行寿期 40 年，堆内装有 1 750 吨钠冷却剂。2013 年 7 月，印度开始建造快堆燃料循环设施，2018 年 11 月竣工。

（2）印度武器级钚库存及生产

印度政府宣称发展快堆意在研发相关技术，增加电力供应，降低发电成本。

而国际易裂变材料工作组成员拉玛纳研究认为，从经济性角度考虑，印度快堆发电成本高于重水堆约80%[①]。印度政府的表态显然与实际情况不符。

近年来，印度加快核力量发展和易裂变核材料生产，抓紧扩大核武库。根据全球易裂变材料小组2018年2月公布的数据，印度武器级钚的储备为（0.58±0.15）吨，反应堆级钚的储备为（6.4±3.5）吨。快堆及燃料循环设施作为武器级钚的重要来源受到印度政府高度重视。一旦原型快堆成功运行，接口进行后处理，印度武器级钚产量可能快速增长，普林斯顿大学研究人员推算印度每年可生产约140千克武器级钚，可用于30枚以上核弹头。

2. 印度八次推迟原型快堆启动

原型快堆原计划2010年9月建成试运行。从2010年起，运行日期先后8次被推迟。最初是由于钚生产和燃料制造不顺利；后来印度表示出于法规要求和谨慎考虑，对已安装设备增设了额外的安全评估和检查流程造成项目延期。目前，原型快堆主体工程已经完成，在进行钠系统调试时一直无法解决二回路钠流量振荡的问题，调试进展不顺。

印度原型快堆项目进展屡次受阻导致成本攀升。目前该项目总成本估计为684亿印度卢比，按购买力平价计算约为40亿美元，是项目初期成本（349.2亿印度卢比）的近两倍。

3. 印度原型快堆屡次延期的原因分析

（1）设计存在隐患，关键设备尚未过关

印度原型快堆在设计上存在严重隐患，其反应性空泡系数为正，增加了事故工况下反应性失控的可能性。美国和俄罗斯已经通过改变快堆堆芯布置方案成功消除了正反应性空泡系数的隐患。但印度原子能部在原型快堆设计期间进行评估认为，正反应性空泡系数的隐患不大，因此没有改变设计方案，可能仍然存在技术风险。

---

① 拉玛纳，《不惜一切代价发展快堆——印度对增殖堆的反常追求》．原子能科学家公报，2016年11月3日。

印度原型快堆安全壳与大多数其他增殖堆和轻水堆相比较为薄弱，与纵深防御原则相悖。印度认为“控制成本对于快速建造快堆十分重要”，忽视了安全壳对于反应堆安全性的重要意义。

印度原型快堆关键设备存在问题，调试不顺利。二回路即使在泵速保持恒定时，钠流量也一直振荡且无法找到原因；在近期的调试过程中，二回路钠泵又出现故障，拖延调试工作进度。

（2）安全裕量不足

美国《原子能科学家公报》刊文称，印度原子能部在应对大型原型堆安全挑战方面缺乏实际经验，快堆设计中对于潜在事故的考虑和应对措施不足，原型快堆安全裕量不足。

印度原子能部研究了堆芯熔毁事故的严重程度，但《原子能科学家公报》文章认为，印度对于事故可能释放的能量估计明显偏低。按照保守估算，热功率为760兆瓦的快堆在发生堆芯熔毁事故时释放的能量约为370兆焦耳，而印度估计热功率为1 200兆瓦的原型快堆在堆芯熔毁事故发生时释放度能量仅为100兆焦耳，数据存在明显问题。原因是印度错误地估计了事故中燃料芯块熔化情况，认为只有部分燃料芯块会熔化。

印度在设计中认为，严重事故期间释放的热能只有约1%会转化为机械能。而英国原子能管理局的实验表明严重事故期间最多有4%的热能转化为机械能，真实情况可能比4%更高；《科学与全球安全》杂志也刊文称对印度原型快堆堆芯熔毁事故产生的能量进行了独立研究，估算值远高于印度原子能部公布的数值。

（3）对项目风险估计不足

印度在建造原型快堆之前建造并运行了实验快堆，但实验快堆也曾因多种问题屡次推迟临界时间。在原定临界时间9年后，1985年实验快堆首次临界，但很少能够以设计的容量因子运行。实验快堆由于技术问题于1987—1989年间提前关闭，后经过技术改进重新运行。直至1993年，反应堆蒸汽发生器开始正常工作。据印度原子能部测算，实验快堆的实际成本达到最初估值的三倍以上。

国际易裂变材料工作组成员拉玛纳撰文披露，实验快堆在运行过程中因几次不同程度的事故受损，事故处理过程漫长，截至2013年，实验快堆仅运行了49 000小时，占最大可能运行时间的21%。实验快堆设计电功率为13.2兆瓦，但实际运行中最大电功率仅为4.2兆瓦。印度原子能部没有从实验快堆的问题中吸取教训，反而认为实验快堆的运行取得了巨大成功，将其描述为“印度核能发展计划的显著成就之一”。在实验快堆建成之前，印度原子能部便开始设计更大的反应堆即原型快堆，将功率提升至实验快堆的近120倍。2016年，印度原子能部表示，计划在原型快堆首次实现临界后再建6座快堆，表明印度对项目风险明显估计不足。

4. 小结

设计存在隐患、关键设备尚未过关、安全裕量不足、对项目风险估计不足，可能是导致印度快堆发展接连受阻的重要因素。印度在快堆技术未取得突破、未积累足够快堆运行经验和事故处理经验的情况下设计建造功率大多倍的原型快堆，显然偏于冒进，未来有很大可能再度延期原型快堆启动时间。

印度半个多世纪以来长期贯彻执行雄心勃勃的“三步走”核能发展计划，研发快堆及相关燃料循环技术，谋求弥补其铀资源匮乏短板并为核力量发展生产武器级钚。印度执着追求发展快堆，虽历经挫折，但不屈不挠，其利用快堆生产武器级钚的野心值得高度警惕。

（中核战略规划研究总院
审查专家：黄国俊、李景、康力新、诸旭辉）

六、商业核反应堆首次使用 3D 打印堆芯内构件

美国西屋公司 2020 年 5 月 4 日宣布，在 2020 年春季停堆换料期间，拜伦 1 号机组已成功安装使用 3D 打印技术制造的阻力塞组件。这是全球首次在反应堆堆芯安装 3D 打印构件。此前，德国西门子公司于 2017 年将 3D 打印消防泵叶轮安装在斯洛文尼亚克尔什科核电厂，至今一直持续安全运行，实现了 3D 打印设备首次在商业核电厂的应用。

1. 核工业应用 3D 打印技术的挑战

3D 打印又称增材制造技术，是一种以数字模型文件为基础，运用粉末状金属或塑料等可黏合材料，通过逐层打印的方式来构造物体的制造技术，是由计算机、精密机械、高能束流、材料等多种学科在加工工艺上的集成，是制造业的一次重大技术革命。自 20 世纪 80 年代末以来，随着计算机技术、新工艺、新材料技术的不断进步，3D 打印技术取得了长足发展，在航空航天、汽车、医疗、消费电子、艺术设计等领域得到应用。

在核工业领域，这项技术的应用尚处于起步阶段。主要因为核工业领域的应用面临着比其他领域更严峻的挑战。首先，3D 打印技术涉及金属固液相变、表面扩散和热传导等一系列物理过程，并需要考虑内部杂质和孔隙的大小、快速加热和冷却引起的应力等。因此，3D 打印部件的微观组织与传统的铸件、锻件存在明显不同。其次，核级材料对其耐辐照性、长期运行稳定性、可靠性和成形制造工艺成熟性有更为特殊的要求。这对 3D 打印技术提出了更高的要求。为了应对这两个挑战，核工业界需要在计算分析、试验验证、标准准入、安全认证等诸多方面开展大量工作。这将是一个漫长的技术积累和验证过程。

各国研究发现，3D打印技术是一项能够为核电装备设计制造带来革命性改变的颠覆性技术，能够大幅降低核电机组造价并缩短建设周期，从而帮助核电在与其他能源的竞争中取得优势地位。

2. 主要国家核工业应用3D打印技术现状

鉴于3D打印技术在核工业拥有不容忽视的应用潜力，世界主要核工业国家政府均大力支持本国企业开展相关研究。

美国两大核技术开发商正在能源部的资助下开展3D打印技术研发工作。西屋正在利用能源部提供的800万美元实施一个为期五年的3D研发计划。该公司的研究表明，3D打印能够降低所有类型反应堆的设备制造费用。使用3D打印技术制造供核电厂使用的电机部件铸模，制造费用可降低多达50%，制造时间可缩短多达75%。通用电气—日立核能公司牵头负责一个200万美元的3D研发项目，将在研究堆中对3D打印部件样品进行辐照，然后与未辐照材料进行比较。此外，能源部2019年启动“转型挑战反应堆”建设计划，目标是集成3D打印等先进制造技术、新材料、计算科学等领域的最新研发成果，预计于2023年建成一座反应堆。这座反应堆的堆芯结构件将使用3D打印技术制造。

俄罗斯国家原子能集团公司（以下简称俄原集团）将3D打印技术作为一项重要业务，并于2018年组建一家子公司，作为行业集成者，专门负责管理俄原集团内部的3D打印技术开发工作。俄原集团2016年在叶卡捷琳堡国际工业展上展示了首台本国制造的金属3D打印机。该打印机配备1 000瓦激光器，每小时能够打印15～17立方厘米的产品。

英国核先进制造研究中心在政府资助下积极开展3D打印技术研究，并重点关注这项技术在小型模块堆领域的应用。该中心的研究已得出结论：使用3D打印技术，能将小堆反应堆压力容器的制造时间从使用传统技术的约3年缩短到6个月，从而大幅提高小堆的商业可行性。

3. 小结

3D打印是一项颠覆性技术，拥有广阔的应用前景。初步研究表明，该技术能够帮助核工业应对造价高和建设周期长等重大挑战，增加核电竞争优势。但其大规模应用还面临诸多问题，实现产业化还需要一个漫长的过程。

为了能够早日进入并占领这一尚待开发但潜力无限的市场，世界主要核工业国家正在积极开展 3D 打印技术研究，并启动这项技术在核工业的应用。我国应继续加大投入，大力推动研究，力争早日获得技术突破，为我国核工业发展注入新动力，抢占这一前景广阔的市场。

（中核战略规划研究总院

审查专家：黄国俊、李景、康力新、诸旭辉）

七、多国积极推动 TRISO 燃料研发与应用

TRISO 燃料（三层各向同性碳包覆燃料）具有良好的耐高温、耐高燃耗及包容裂变产物的能力，运行温度可达 1 000 摄氏度，在燃料温度高达 1 600 摄氏度的情况下能够有效包容球内的裂变产物。TRISO 燃料不仅能用于高温气冷堆，还有望适用于空间堆和特殊用途的移动微堆。近年来，国外在研发军用移动微堆和模块化高温气冷堆的过程中重建 TRISO 燃料生产能力，同时深入研究 TRISO 燃料性能。

1. TRISO 燃料结构

TRISO 燃料由五个区域组成（见图 5）：芯核通常是铀、钚或超铀元素的氧化物、碳化物或碳氧化物；芯核外是多孔碳缓冲层，用于裂变碎片减速及缓冲内部气体堆积和燃料尺寸变化；最外侧依次是内热解碳层、碳化硅层和外热解碳层，内热解碳层和外热解碳层相对致密，可以保护芯核和碳化硅层不受化学侵

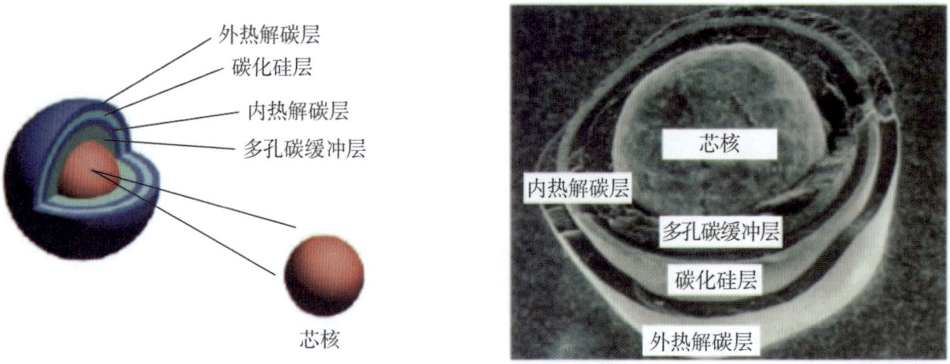

图 5 TRISO 燃料结构图

蚀；碳化硅层是 TRISO 燃料的压力边界，可承受内部压力气体积聚和其他来源的压力，同时也可防止裂变气体和金属裂变产物扩散。

2. 国外多款反应堆使用 TRISO 燃料

（1）美国军用移动微堆

美国国防部 2019 年 5 月与能源部、核管会就军用移动微堆“贝利”研发计划签署的谅解备忘录中计划建造一条 TRISO 燃料生产线，到 2023 年实现 600 千克/年的生产能力，同时开展 TRISO 燃料颗粒和屏蔽层的破坏性测试。“贝利”计划第一阶段已于 2020 年 3 月启动，开始工程设计。

（2）美国 Xe-100 反应堆

美国 X-能源公司的 Xe-100 反应堆使用 TRISO 燃料，该公司已获得美国能源部超过 3 000 万美元资金支持，已完成 Xe-100 反应堆概念设计，未来计划 2021 年中之前向核管会提交设施的许可证申请，2023—2024 年建成商业规模的 TRISO-X 燃料制造设施。

（3）美国“转型挑战反应堆”

美国 2019 年启动“转型挑战反应堆”建设计划，目标是集成 3D 打印等先进制造技术、新材料、计算科学等领域的最新研发成果，于 2023 年建成一座反应堆。“转型挑战反应堆”堆芯由 3D 打印技术制造，采用氮化铀 TRISO 燃料，橡树岭国家实验室 2020 年 3 月向 BWX 技术公司授予了 TRISO 燃料制造合同。

（4）日本高温测试反应堆

日本原子能机构高温测试反应堆是日本高温气冷堆计划的发展重点。该反应堆使用 TRISO 燃料，热功率 30 兆瓦，主要用于核能制氢研究。自 1998 年投入运行以来，该堆运行状态良好，2019 年成功连续运行 150 小时。

（5）GT-MHR 模块式高温气冷堆

美国通用原子公司和俄罗斯阿夫里坎托夫机械工程设计局曾于 21 世纪初共同开发 GT-MHR 模块式高温气冷堆，该堆利用布雷顿动力转换循环，采用 TRISO 燃料，可以充分利用轻水堆乏燃料分离出来的超铀废物（镎、钚、镅和锔）。

美俄合作于2001年完成了反应堆初步设计，但在俄罗斯建造原型堆的计划受到阻碍，反应堆建造计划处于停滞状态。

（6）高温气冷堆原型堆THTR-300

德国于20世纪七八十年代设计建造了高温气冷堆原型堆THTR-300，该堆是采用氦气冷却的高温堆，共装载67.5万个直径6厘米的TRISO燃料元件，反应堆1983年9月13日首次达到临界，1987年6月1日投入商业运行，前两年的年平均负荷因子高达99%。由于设计缺陷，堆内石墨构件出现松动，加上欧洲反核势力的强烈反对，THTR-300于1988年9月29日关闭。

3. 国外积极推动TRISO燃料研发

近年来，多国积极开展TRISO燃料研发测试工作。目前，美国、俄罗斯、英国、法国、南非都有正在开展的TRISO燃料项目，有数家先进反应堆开发商表示考虑使用TRISO燃料。美国的下一代核电厂（NGNP）计划以及美国和世界其他地区的计划都准备使用TRISO燃料。TRISO燃料是多种先进反应堆燃料设计的基础，未来几年可能成为部署先进反应堆的重要推动力。国外研究人员对TRISO燃料的燃料行为、燃料失效机理、燃料性能模型等进行深入研究，为TRISO燃料制造和应用打下良好基础。

（1）美国加快重建TRISO燃料生产能力

2019年4月和11月，美国X-能源公司分别与日本核燃料工业公司和全球核燃料公司签署合作协议，共同开展TRISO燃料研发和燃料制造设施建造工作。2019年9月，美国参议院拨款委员会建议拨款3亿美元用于TRISO燃料研发项目。2019年10月，美国BWX技术公司宣布重启位于弗吉尼亚州的林奇堡燃料制造工厂TRISO燃料生产线。作为生产线重启的一部分，该公司2020年4月完成了TRISO燃料芯核烧结能力验证。燃料芯核烧结是通过加热和压制来生产固体燃料芯核的工艺过程。目前该公司正在新建1座烧结炉和1座涂层炉以满足生产能力需求。该公司表示将及时完成生产线重启工作，在2020年秋季开始向橡树岭国家实验室研发的“转型挑战反应堆”供应TRISO燃料。

（2）俄罗斯研究 TRISO 燃料制造技术

2020 年 3 月 6 日，俄罗斯博奇瓦无机材料高技术科学研究院发布实验性微球 TRISO 燃料制造技术文件草案，建立了确定燃料微球几何尺寸的方案，并对方案的可操作性进行了检测。该院认为，TRISO 燃料是高温气冷堆的关键技术，计划集中力量开展深入研究

4. 小结

TRISO 燃料耐高温、耐高燃耗，能够在高温下包容裂变产物，安全性高，适用于特殊用途的小型反应堆。使用 TRISO 燃料的高温气冷堆经过优化设计能够进一步提高出口温度、功率密度和热效率，结合更加紧凑高效的布雷顿循环，未来有望用作深空探测、深海探测推进动力。美国、俄罗斯、日本积极开展 TRISO 燃料研发，在研的多款先进反应堆计划使用 TRISO 燃料，同时加紧建设 TRISO 燃料制造设施满足先进反应堆研发需求。

（中核战略规划研究总院

审查专家：黄国俊、李景、康力新、诸旭辉）

核军控与防扩散篇

一、2020年国际核军控进展综述

当前，美俄双边核裁军前途未卜、多边核军控难有进展、核不扩散机制面临挑战、地区热点问题日趋复杂，国际核军控持续处于低潮。

未来一段时期内，国际核军控难有实质性进展。

2020年，国际核军控持续处于低潮，美单边消极政策及美俄关系紧张等因素导致国际核军控机制面临的结构性矛盾更加突出。

1. 美俄双边核裁军前途未卜

美国对《新削减战略武器条约》延期设限。《新削减战略武器条约》是目前美俄间仅存的双边核裁军条约，将于2021年2月5日到期。2020年6至8月，美俄举行三轮双边战略稳定对话，但未就延期问题达成共识。美国先是以中国加入作为条约延期的前提条件，后要求扩大条约范围，进一步限制俄罗斯非战略核武库，并制定更严格的核查措施。俄罗斯提出冻结核武库规模以实现条约短暂延期，但双方因核查等问题尚未能达成一致。

美国兜售“新军控理念”，美俄核裁军原则分歧依旧。2020年4月，美国国务院发布《美国“下一代军控”优先事项》文件，兜售其所谓“新军控理念”，继续渲染大国战略竞争和地缘政治对抗、鼓吹“三边核军控”。美俄在核裁军问题上无法达成共识，俄罗斯强调与美战略平衡和稳定，但美国只谈自身“战略安全”而刻意回避“战略稳定”概念，否认进攻性与防御性战略武器间的内在联系。

2. 多边核军控难有进展

美国在禁核试领域消极举动引发退约担忧。2020年4月，美国国务院发布2020年度《军控遵约报告》，继续指责俄中违反美“零当量”禁核试标准。5月，美国国家安全委员会就恢复核试验问题展开讨论，有官员提出，美国展示快速进行核试验的能力，将有助于推动“三边核军控”进程。美国在禁核试问题上的一系列消极举动引发国际社会对美可能退出《全面禁止核试验条约》并恢复核试验的担忧。

“禁产条约”仍无法启动谈判。2020年1月，法国牵头召开五核国“禁产条约”第二次专家会，讨论为《不扩散核武器条约》第十次审议大会准备“五核国共同文件草案”。由于禁产问题的重要性和复杂性，各方存在重大分歧，近期在裁谈会正式启动谈判的可能性不大。

3. 核不扩散机制面临挑战

《不扩散核武器条约》各方分歧依旧。2020年2月，五核国举行合作会议，内部矛盾仍突出，但各方同意继续就核政策与核战略、减少战略风险等问题开展交流合作。《不扩散核武器条约》第十次审议大会因疫情延期至2021年8月举行，各方将围绕核裁军路线、核透明、中东无核武器区、伊核协议等问题展开激烈争夺，大会能否取得成功存在变数。

《禁止核武器条约》生效将进一步激化核裁军路线之争。2020年10月，洪都拉斯向联合国递交《禁止核武器条约》批准书，成为第50个批约国，触发了生效机制，条约将于2021年1月22日正式生效。《禁止核武器条约》在很大程度上反映了无核武器国家禁止核武器的强烈愿望，以及对现有核裁军机制的不满。美俄英法已明确表态抵制并指责该条约未考虑当前国际安全环境，可能造成国际社会两级分化，损害核不扩散机制。由于《禁止核武器条约》混淆了五核国与印巴以朝等国在核武器地位上的本质区别，因此动摇了现有的以《不扩散核武器条约》为基础的核不扩散体系。

4. 地区热点问题日趋复杂

朝核问题陷入僵局。美朝首脑会晤破裂以来，美国加大施压力度，朝鲜继续发展核力量，半岛无核化进程陷入僵局。2020 年 5 月，朝鲜提出“进一步夯实国家核战争遏制力和运营战略武装力量”的新方针。目前，美朝互信严重缺失，双方在最终目标和无核化路线等问题上立场不同，深层矛盾难以消除。

伊核问题局势持续紧张。面对美单方面退约和极限施压政策，伊朗于 2020 年 1 月宣布全面暂停履行伊核协议。为报复离心机装配工厂被炸、核科学家遭暗杀，伊朗多次威胁退出《不扩散核武器条约》、计划进一步提高铀浓缩丰度、并考虑阻止核查人员进入。伊核问题日趋复杂，不确定性增加。

5. 小结

（1）国际核军控难有实质性进展

一方面，特朗普政府单边军控政策产生的消极影响仍将持续；另一方面，美俄作为两个最大的核武器国家在核军控问题上发挥主导作用，目前两国间的紧张关系难以很快缓和，客观上决定了核军控难以取得进展。在未来一段时期内，国际核军控将持续处于低潮。

（2）关注拜登政府核军控政策调整

拜登政府主导核军控政策的核心成员已基本确定，包括国务卿布林肯、国家安全顾问苏利文、联合国大使格林菲尔德等人，其核军控立场符合民主党的基本理念和政策偏好，主张维护现有核军控机制和条约。可以预期，拜登政府将大幅调整美核军控政策，一是推动《新削减战略武器条约》延期，二是可能重新加入伊核协议和《开放天空条约》，三是支持《全面禁止核试验条约》生效，四是对朝采取强硬政策。

（中核战略规划研究总院

审查专家：黄国俊、李景、康力新、诸旭辉）

二、美兜售“新军控理念”

2020年4月，美国务院发布《美国“下一代军控”优先事项》文件，系统阐述特朗普政府“新军控理念”。美国提出以自身安全为核心的单边军控理念，将军控作为大国战略竞争的重要手段，旨在限制俄中核力量发展，维持美国绝对军事优势，需警惕。

1. 相关背景

2020年4月起，美国国务院对外发布《军备控制与国际安全》系列文件，宣扬美国的外交与军控政策。作为该系列首份文件，《美国“下一代军控”优先事项》一文由负责军控与国际安全事务的代理副国务卿福特署名，从面临挑战、实施理念和工作重点三方面阐述其对“下一代军控”的思考，主要内容如下。

（1）渲染“俄中核威胁论”

文件称，当前国际军控面临的主要挑战是限制俄罗斯和中国正在进行的核力量扩张。俄罗斯开发多款不受美俄间《关于进一步限制和削减进攻性战略武器措施的条约》（新START条约）约束的新型战略运载系统；继续扩充规模庞大的非战略核武库，以期通过有限使用非战略核武器获得战场优势。中国核武器数量未来十年至少翻番，同时研发多型战略和非战略核武器运载系统；中国虽反复强调“不参加任何形式的军备竞赛”，但却拒绝作为负责任的军事大国参加三边军控谈判。

（2）兜售“新军控理念”

一是采取竞争性战略应对大国挑战；二是军控应以美国及盟友的安全利益为

核心，不再仅为达成协议而谈协议；三是严肃对待核查与履约，正视违约问题；四是通过“为核裁军创造环境”倡议，重塑更具建设性、更加注重安全的军控体系；五是通过三边军控谈判防止与俄中的军备竞赛；六是如果俄中拒绝与美严肃对话，美国将与其进行军备竞赛并赢得胜利。

（3）鼓吹“三边军控谈判”

文件称，美国希望尽快启动“三边军控谈判”，并达成一份开创性的新军控协议。将重点解决四项挑战：一是不论新START条约是否延期，下步军控应继续限制俄罗斯受新START条约约束的、传统意义上的“三位一体”核力量。二是解决俄罗斯庞大的、不断扩大的非战略核武库。三是限制新START条约以外、俄罗斯正在开发的新型战略核武器运载系统。四是限制中国扩大核武器规模、发展核常兼备的武器系统。

2. 初步分析

总体来看，《美国“下一代军控”优先事项》文件系在美国渲染大国战略竞争和地缘政治对抗、鼓吹“三边军控谈判”的背景下发布的，一定程度上体现了特朗普政府的军控理念。

（1）“新军控理念”秉承“美国优先”思想和大国竞争战略

文件奉行特朗普政府“单边主义”政策，寻求美国自身绝对安全，提出不再将军控条约作为目标，而是以美国的安全利益为核心，表明美国已将军控作为战略安全领域实施与俄中战略竞争的重要手段，不会因军控政策改变其军备发展、保持军事绝对优势、称霸世界的思想。

（2）“新军控理念”的核心是拉中国加入美俄核裁军谈判

文件称中国核武器“未来十年翻番”、发展核常兼备武器系统，将“三边军控谈判”作为优先事项，旨在限制中国核力量发展。2018年以来，美国政府多次公开提议中国加入美俄核裁军谈判。美国高官称，正在制定与俄中的新军控协议。2020年5月，特朗普军控问题特使比林斯利亚表示，如果中国不加入，美国很可能不会同意延长新START条约。

（3）美为自身核力量发展辩解，欲借“新军控理念”转嫁压力

文件对美核力量现代化、发展部署新型海基低威力核武器进行掩饰和狡辩，同时大肆渲染俄、中扩大核武库、宣扬“为核裁军创造环境”倡议，对美国退出《中导条约》和新START条约延期避而不谈。当前，美俄双边核裁军难以为继，新START条约面临终结，美欲借“新军控理念”“甩锅”俄中。

（中核战略规划研究总院
审查专家：黄国俊、李景、康力新、诸旭辉）

三、美国“2020年军控遵约报告”非密摘要解读

2020年4月15日，美国国务院发布2020年《坚持和遵守军控、不扩散和裁军协议及承诺的报告摘要》（以下简称《军控遵约报告》），指责中国未遵守暂停核试验、导弹防扩散承诺，并对中国履行《禁止生物武器公约》的报告提出质疑，引起高度关注。

1. 美国2020年《军控遵约报告》基本情况

（1）发布《军控遵约报告》是美例行做法

依据《军控和裁军法》的要求，美国总统须每年4月15日前向国会提交《军控遵约报告》，美国国务院这次发布的《军控遵约报告》非密版摘要就是按该法的要求提交国会。

每版《军控遵约报告》所论及的内容，都是评论前一年度或更长的时间区间里，世界各有关国家（也包括美国）在遵守军控、不扩散和裁军协议及相关承诺的情况（包括建立信任和安全措施）。

（2）美国对他国遵守国际军控条约、协议的关注度加强

21世纪第一个十年，美国国务院只汇总发布两次《军控遵约报告》，其中2005年的报告包括2002年1月至2004年1月期间的活动；2010年的报告包括2004年1月至2008年12月期间的活动。近十年来，美国国务院每年发布一次报告，其中2011年的报告包括2009年1月1日到2010年12月31日的活动；从2012年起，每年报告仅包括上一年度活动。

《军控遵约报告》在内容上侧重于核军控与裁军、防止导弹技术扩散、禁止

生物武器以及欧洲常规武装力量等方面；在指责目标上主要针对俄罗斯、中国、伊朗和朝鲜。

(3) 近两年美国《军控遵约报告》增多了对中国的指责

美国2019年、2020年《军控遵约报告》涉及中国的内容较以往有明显增加，其中对有关暂停核试验和禁止生物武器方面的指责更强。

2. 需澄清的所谓中国未遵守暂停核试验承诺的问题

美国《军控遵约报告》中有一段题为“根据美国‘零当量’标准解释的暂停核试验”的内容指出：“2019年全年，中国罗布泊核武器试验场保持高水平活动。中国可能全年在从事运行罗布泊核试验场的准备工作，使用爆炸封隔室，在罗布泊进行大规模挖掘活动，核试验活动缺乏透明度——包括经常阻断其国际监测系统（IMS）站到全面禁止核试验条约组织筹委会（CTBTO）国际数据中心的数据传输——这增加了关于其是否坚持‘零当量’标准的担忧，美、英、法在各自暂停核武器试验承诺中均坚持这一标准。”

美借所谓的“零当量”解释标准对我无端指责，有几个问题需要澄清。

一是在核试验场有活动不等于在开展核试验活动。核试验场可以开展除核试验外的许多其他活动。实际上，美国在1992年暂停核试验后，长期在内华达核试验场开展高强度活动，包括维持长期恢复核试验的能力，开展次临界实验、高能炸药实验等，以积极发展多种替代手段，确保在禁核试形势下核武器仍然安全可靠有效。

二是美国借所谓的“零当量”标准混淆概念。《全面禁止核试验条约》的签订并不意味着核武器发展的结束，只是说明研制工作进入了无核试验时代。美国早就在条约谈判的同时着手制定相应的计划和措施，确保在禁试条件下继续保持核武库的可靠性并推进核武器现代化。所谓的“零当量”标准就是其中的一个手段，它是指发生核反应释放的核能极小，可以忽略不计，或者探测不到。从科学技术上讲，“当量”是对核爆炸中核能释放的一个度量单位。一个有易裂变材料的装置，如果它发生核爆炸并有当量，则装置的核系统至少达到超临界状态，其中子增殖率大于1，反应性大于零。流体核实验就属于这种情况，尽管当量很小，但它是有当量的核爆炸，美国20世纪60年代初曾将流体核实验称作“零当量实验”。而次临界实验则不同，在注入中子后，易裂变材料发生裂变反应而释放核能，但由于次临界系统的中子增殖率小于1，反应性小于零，链式反应不能自持下去，不具备发生核爆炸的条件。所以国际社会对1995年8月11日美国总统克林顿宣布谈判一个“零当量”禁核试条约的含义产生了不同的理解和猜测。主要由于这一原因，《全面禁止核试验条约》中有关禁止范围条款没有使用“零当量”这个术语。

三是不存在所谓的中国核试验活动缺乏透明度问题。《全面禁止核试验条约》并未生效，全面禁止核试验条约组织筹委会（CTBTO）所辖的“国际监测系统”（IMS）并不具备正式运行条件，在系统调试中不可避免会因技术和进度等因素出现数据传输不畅等现象。

3. 所谓美国对中国遵守《禁止生物武器公约》的情况进行质疑的问题

美国《军控遵约报告》中称：“中国从事可能具有双重用途的生物活动，其中一些活动引起了人们对其遵守《禁止生物武器公约》第一条的关注。此外，美国没有足够信息来确定中国是否按照《公约》第二条的规定取消了其评估的生物战计划。……中国提交的《禁止生物武器公约》声明中既没有记载该进攻性计划，也没有证明其已根据《禁止生物武器公约》第二条消除了该计划，或消除了任何剩余的生物武器”。

上述这段话表明：美国在没有证据的情况下就对中国遵守《禁止生物武器公约》的情况提出了质疑。

中国在1984年11月加入《禁止生物武器公约》并发表声明：该公约的基本精神符合中国的一贯立场，有利于世界上爱好和平的国家和人民反对侵略、维护世界和平。中国曾是生物（细菌）武器的受害国之一，**中国从未、将来也不会生产和拥有这类武器**。同时中国政府认为，该公约是有缺陷的，例如没有明确规定“禁止使用”生物武器，没有规定具体的、有效的监督和核查措施，对违约事件也缺乏应有的制裁措施。中国参加了第二次公约审议会以来的历次审议会和历次专家组、特设组会议。自1989年开始每年向联合国宣布我国采取的信任措施。坚决反对生物武器及其技术的扩散，并不断加强生物两用物项和技术的出口管制。积极参与生物领域的国际交流与合作，与“澳大利亚集团”等多国出口控制机制保持对话与交流。

4. 小结

军控、防扩散等领域相关条约和机制是维护国际和平、安全与稳定的重要支柱，理应得到遵守和执行。中方一贯以负责任大国的态度，认真履行自身承担的国际义务和承诺，坚定致力于多边主义，积极开展国际合作，为维护国际军控与防扩散体系、维护国际和平安全做出重要贡献。

美国一方面每年炮制所谓的《军控遵约报告》，将核、生物等领域的军控和防扩散作为进一步遏制他国军力发展的工具，对中国等国家的军控和防扩散政策无端指责；但另一方面在军控和防扩散领域奉行“美国优先”，一再毁约退群，如退出《中导条约》和伊核协议，并大力发展核武器装备，扩大核优势，强化核威慑。美国的行为，必将严重破坏全球战略平衡与稳定。

鉴于美国在退出《反导条约》《中导条约》前后的行为表现，即先指责俄罗斯不遵守条约，为自己退约寻找借口；然后提出退约，为自己发展松绑；最后是大力发展，扩大优势。因此，美近期多次指责中国和俄罗斯违反暂停核试验承诺，也可能是在为其打破暂停核试验承诺、恢复核试验做准备，对此应高度警惕。

（中核战略规划研究总院

审查专家：黄国俊、李景、康力新、诸旭辉）

四、美国为退出《全面禁止核试验条约》造势

《全面禁止核试验条约》[①]（CTBT）禁止缔约国进行任何核武器试验爆炸和任何其他核爆炸，是国际多边核军控领域的重要成果。由于美国在内的8个国家未批约[②]，条约尚未正式生效。2019—2020年，美国内恢复核试验的声音加强，特朗普政府已开始在多场合为美退出CTBT造势。

1. 基本情况

(1) 美国内恢复核试验声音加强

2020年5月，美国家安全委员会就恢复核试验问题展开讨论，有官员提出，美国展示快速进行核试验的能力，将有助于推动美俄中“三边核军控”进程。此后，美国国防部负责核事务的副助理部长德鲁·沃特明表示，如果总统出于技术或地缘政治原因下令，五角大楼可在数月内进行一次核试验，并称美已在内华达确定一处地下核试验场。6月，参议院军事委员会批准一项修正案，拨款至少1 000万美元用于缩短恢复核试验的准备时间。俄罗斯外交部称，不排除美国正在为退出CTBT做准备。

美国共和党及军方部分人士长期反对CTBT批约，要求恢复核试验。一是认为未能从科学上证明能够在不开展核试验的情况下确保核武器的安全性、安保性和可靠性；二是质疑CTBT限制其他国家发展核武器的有效性。特朗普政府《核

① 《全面禁止核试验条约》于1996年在联大获通过，目前已有184个国家签约，168个国家批约。

② 条约规定，自附件2中列明的44个有核能力的国家全部交存批准书之日后第180天起生效。目前，附件2所列44个国家中已有41个国家签约，36个国家已批约；印度、巴基斯坦、朝鲜尚未签约；美国、埃及、以色列、伊朗和中国已经签约但尚未批约。条约未生效。

态势评估》报告明确表示本届政府不寻求参议院批准CTBT，但将继续遵守1992年开始的核试验中止令，同时保持必要时恢复地下核试验的能力。2019年3月，四名共和党议员致信特朗普，称CTBT是“一个存在严重缺陷的条约”，要求美国退出。

（2）美国已开始为退出CTBT造势

2019年以来，美国政府及情报机构多次指责俄罗斯和中国违反CTBT，开始为退出CTBT造势。

2019年5月，美国国防情报局局长阿什利称，俄罗斯可能没有以符合“零当量”标准的方式遵守暂停核试验的承诺，通过核试验提升新弹头设计和库存管理能力；中国政府可能正准备全年运行核试验场，继续使用密封爆室，在核试验方面缺乏透明度，令人怀疑其在不违反CTBT的情况下能够扩大核力量规模。

美国国务院2019年度和2020年度《军控遵约报告》增加了对俄罗斯和中国违反CTBT的指控。报告称，俄罗斯进行了产生核当量的超临界或自持链式反应核试验；中国在罗布泊核试验场保持了高强度活动，使用密封爆室，核试验活动缺乏透明度，可能进行了核武器相关的试验或实验。

2. 几点判断

（1）当前美恢复核试验仍面临较大阻力

在美国国家安全委员会会议中，恢复核试验的提议遭到能源部/国家核军工管理局反对，会议最终决定采取其他措施应对俄、中威胁，避免恢复核试验。2020年6月22日在维也纳举行的美俄战略稳定性谈判中，特朗普军控特使马歇尔·比林斯利也表示，美国没有理由在现阶段进行核试验，但将保留恢复核试验的权利。

一方面，从技术角度看，禁核试能够固化美国的技术优势。美国于1945—1992年间共进行了1 054次核试验，是核试验次数最多的国家。1992年宣布暂停核试验后，持续发展高性能计算技术，建造大型模拟实验装置和内华达外场实验综合体等一批世界领先的研究试验设施，开展以科学为基础的核武器改进和认证技术研究，并进行了近30次次临界实验。美国能源部曾于2015年宣布，《库存管理计划》取得成功，解决了在不开展核试验情况下确保库存核武器安全性、安保性和可靠性的一系列关键技术问题。

另一方面，美国民众普遍反对恢复核试验。2019 年 8 至 11 月，美国国家利益杂志发起的一项民意调查显示，81.7%的民主党人、74.8%的无党派人士以及 58.6%的共和党人反对恢复核试验。

(2) 不排除美退出 CTBT 并恢复核试验的可能性

美国 JASON 委员会 2016 年的一项研究指出，美国现役核武器尚有充足的裕量，但核武器的继续老化、武器的重新制造和武器改型都将增加未来武器的不确定性。

当前，美正快速改造 W76-2 低威力潜射弹头，采用新的铸造工艺替代原有锻造工艺恢复钚弹芯生产，同时为响应特朗普政府《核态势评估》报告“发展新核能力”的要求，美国计划研制 W93 海基战略核弹头，系禁核试以来美国研制的首个新型核弹头，在上述过程中若涉及弹头结构、关键材料和物理设计等环节的改变，都可能导致美国恢复核试验的需求提升。

核试验是核武器性能认证的终极手段。考虑未来国际形势变化及核武器技术状况，美国持续评估恢复核试验需求，努力保持恢复核试验能力。按照 1993 年总统指令（PDD-15，库存管理），国家核军工管理局必须保持在 24～36 个月内进行核试验的能力。特朗普政府在 2018 年度《库存管理计划》中提出三阶段核试验准备方案：一是在 6～10 个月内开展简单试验；二是针对现有库存核弹头，在 24～36 个月内开展全规模试验；三是针对新设计的核弹头，在 60 个月内开展试验。

现阶段，美国为恢复核试验造势，表面看是出于政治目的，即以威胁恢复核试验作为军控谈判的筹码，但不能排除美国企图将中国拖入新一轮核军备竞赛的可能。2020 年 4 月，美国国务院发布《美国“下一代军控”优先事项》文件指出，“如果俄中拒绝与美严肃对话，美国将与其进行军备竞赛并赢得胜利”。特朗普军控问题特使比林斯利称，总统已明确指示美国有赢得军备竞赛的历史经验，清楚如何赢得（与俄罗斯和中国的）新军备竞赛。

在军控领域，“先是无端指责他国违约，接着以他国违约为借口退约，退约后大力发展”已成为美国的惯用伎俩。未来，不能排除美出于自身技术原因或政治考量，以俄中违反CTBT和暂停试承诺为由，退出CTBT并恢复核试验的可能。

3. 小结

CTBT是国际多边核军控领域的重要成果，虽然条约没有正式生效，但在防止核武器扩散、推动核裁军方面起到积极作用。若美国退出CTBT，恢复核试验，将引发新一轮核军备竞赛，对国际和平与安全构成严重挑战。

（中核战略规划研究总院

审查专家：黄国俊、李景、康力新、诸旭辉）

五、美国退出《开放天空条约》动因及影响分析

2020年5月21日，时任美国国务卿彭佩奥发表声明，称美国决定退出《开放天空条约》，从5月22日起不再履行条约义务。声明称，俄罗斯违反和破坏了条约，除非俄方完全遵守这一条约，否则美国将在6个月后正式退出条约。美国单方面退约将是对国际军控体系的又一次冲击，使欧洲和国际安全形势增加了变数。

1.《开放天空条约》基本情况

1955年，时任美国总统艾森豪威尔首次提出“开放天空”建议，即通过建立一种监督制度来降低美苏双方军事侦察行动可能造成的风险。时任苏共总书记赫鲁晓夫认为美国此举旨在以“建立信任”为借口获取敏感情报，因此拒绝了这一建议。1989年，乔治·布什总统向苏共总书记戈尔巴乔夫再次重提这一建议。几经磋商，最后确定由北约和前经互会国家共同签订《开放天空条约》，规定缔约国之间可以在彼此领土内以非武装方式进行空中侦察，并将其作为《欧洲常规武装力量条约》的核查措施。条约的目的，是要通过完善监督军事活动和遵守军控领域条约的机制，提升透明度和降低冲突风险，促进各国相互间的信任。1992年3月，美俄英法德等23国在芬兰首都赫尔辛基签署《开放天空条约》。美俄分别于1993年和2001年批约。条约于2002年正式生效，目前共有35个缔约国①。

---

① 白俄罗斯、比利时、波黑、保加利亚、加拿大、克罗地亚、捷克、丹麦、爱沙尼亚、芬兰、法国、格鲁吉亚、德国、希腊、匈牙利、冰岛、意大利、拉脱维亚、立陶宛、卢森堡、荷兰、挪威、波兰、葡萄牙、罗马尼亚、俄罗斯、斯洛文尼亚、斯洛伐克、西班牙、瑞典、土耳其、乌克兰、英国、美国。吉尔吉斯斯坦签约但未批约。

《开放天空条约》是一项国际多边军控条约，它由开放天空咨询委员会监管执行，在欧洲安全与合作组织体系下运行。条约规定缔约国应允许其他缔约国派遣飞机在本国领空全境进行航空侦察，被侦察一方无权以国家安全为由拒绝侦察飞行，并需提供侦察机起降机场、机组人员后勤保障等服务。另一方面，缔约国在其他缔约国上空进行侦察前需提前告知对方并进行协商，在侦察时严格按照双方商定的航线飞行，同时还应允许被侦察一方或第三方向飞机上派驻观察员对侦察设备是否合规进行监督，并向条约报备飞行计划，在侦察飞行结束后向全部缔约国公开侦察图像资料。条约还对执行任务的机型、侦察飞行的细则进行了规定，并禁止使用武装飞机执行侦察任务。

从条约形成的背景看，签约的目的是增强签约国之间军事互信、展示和平诚意、防止因误判而导致不应发生的军事冲突；从条约规定的执行看，签约国互相侦察的手段、范围是有限制、受监督的，而侦察遥感和隐蔽伪装也是一对变量。条约的实际意义和象征意义同时存在。

2. 美俄围绕《开放天空条约》履约问题争议不断

2016年，美国国务院《军控遵约报告》指责俄罗斯“未按照条约内容履行确保全境能够被有效观察的义务”。此后，美俄在侦察设备、侦察路线、侦察时机等问题上出现诸多分歧。2019年10月，美国众议院外交事务委员会主席恩格尔曾对外透露白宫已考虑退出《开放天空条约》，引发民主党、军控界及欧洲盟友强烈反对。

2020年5月21日，特朗普对记者表示，由于俄违约，美国将退出《开放天空条约》，美俄可能达成新的协议，中国可能包括在内。同日，美国国务卿蓬佩奥在国务院网站发表声明，历数俄罗斯违反和破坏条约的情况：一是俄方限制在加里宁格勒、莫斯科以及俄与格鲁吉亚南奥塞梯和阿布哈兹接壤地区的10千米范围内实施观察飞行；二是俄方指定使用位于克里米亚的机场进行加油，用以彰显对克里米亚的主权；三是2019年俄方拒绝美国和加拿大提出的对俄军“中部—2019”战略演习进行观察飞行的申请；四是俄方使用开放天空图像，以精确制导武器瞄准美国及欧洲的关键基础设施。

俄方主要指责美国更改在夏威夷群岛进行观察飞行的特殊程序，限制俄方在西卡姆军事基地的最大飞行范围等。

3. 美国单方面退约的动因分析

（1）落实“美国优先”、重构世界体系的一着棋

特朗普政府明确提出军控应以美国自身安全利益为前提，要重新审视现行军控体系和欧洲安全机制，期望从美国安全利益出发重构欧洲和世界安全格局。退出《开放天空条约》是美国一系列退约毁约战略举措的一个步骤，目的就是要打破现有的全球军事安全制衡机制和军控态势，推进建立单方面的绝对军事优势，进而在欧洲、印太地区增设军事基地，收紧对俄罗斯、中国的包围，为美国继续推行单边主义、强权政治奠定军事安全基础。

（2）美国无法接受航空侦察装备落后于俄罗斯

条约执行以来，美国主要使用 OC-135B 侦察机，该机装备光学相机和红外探测仪，计划 2021 年完成升级改造。俄罗斯主要使用“安”-30 和“图”-154 侦察机。2018 年，俄新一代“图”-214 侦察机通过认证，该机装备新型多任务空中监视系统，是所有 35 个缔约国中首型携带条约明确允许所有四类遥感设备的飞机①，使俄获取有价值信息的能力大幅提高。俄国防部官员表示，“在《开放天空条约》中引入先进技术方面，俄领先 6～7 年”。

（3）美国航天遥感技术优势可抵消航空侦察劣势

美国航天遥感侦察技术和能力领先，完全可以弥补在《开放天空条约》框架内所能够得到的信息资源；把省下来的军费转用于其他亟需项目，特朗普的商业精明应用于军控外交事务的事例已非鲜见。

4. 小结

当前，《开放天空条约》主要作用在于增进互信和缓解军事紧张，为消除欧洲地区紧张局势提供透明度和可预测性。虽然在美俄卫星侦察能力不断提升的背景下，飞行侦察的实际作用弱化。但对于欧洲安全而言，《开放天空条约》仍然

---

① 条约允许使用的传感器有四类：光学相机，分辨率 0.3 米；摄像机，0.3 米；红外扫描设备，分辨率 0.5 米；合成孔径雷达，分辨率 3 米。

是维持欧洲安全形势不可或缺的制度框架。美退约将进一步破坏国际军控体系，损害欧洲盟友利益，削弱欧洲军事安全体系，使欧洲和国际安全形势更趋恶化。美退约并不会导致条约立刻失效，俄副外长已明确将继续遵守条约所有条款。美众议院民主党议员表示，退出《开放天空条约》是对欧洲盟友的一记耳光。

（中核战略规划研究总院

审查专家：黄国俊、李景、康力新、诸旭辉）

六、《禁止核武器条约》生效及影响分析

2020 年 10 月 24 日，洪都拉斯向联合国递交《禁止核武器条约》（以下简称“条约”）批准书，成为第 50 个批约国，触发了条约生效机制。条约于 2021 年 1 月 22 日正式生效。五核国可能面临“核武器非法化”的法律风险，需审慎应对。

1. 无核武器国家发起的“人道主义倡议”是推动条约谈判的主要动力

“人道主义倡议”旨在强调使用核武器的人道主义影响，要求填补禁止和消除核武器的法律空白。2013—2014 年，在挪威、墨西哥和奥地利先后举行了三次“核武器的人道主义影响”会议，并在第三次会议上提出“奥地利承诺”，呼吁各方携手，禁止和销毁核武器。2016 年，该倡议借助无核武器国家对《全面禁止核试验条约》20 年来迟迟未能生效的不满情绪，在“体制外”另辟蹊径，推动联合国大会（联大）通过决议，成立核裁军开放式工作组，向联大裁军与安全委员会提交工作组最终报告并获高票通过，呼吁启动条约谈判。2016 年 12 月，联大通过 71/258 号决议“推进多边核裁军谈判”。以此决议为基础，2017 年 3 月和 6 月联大先后举行两轮条约谈判会议，并在第二轮会议期间以“简单多数”方式进行投票表决。

2017 年 7 月 7 日，联大以 122 票赞成、1 票弃权、1 票反对通过条约。联合国 193 个成员国中，其他 69 个国家均未参与投票，其中包括美俄中英法、印巴以朝、多数西方国家和日韩等。

条约于 2017 年 9 月 20 日开放签署，规定在获得第 50 个国家批准书之日起 90 天后生效。目前，已有 84 个国家签约，50 个国家批约。

2. 条约将核武器非法化，遭五核国抵制

条约规定缔约国不发展、试验、生产、制造或以其他方式获得、拥有或储存核武器；不转让、接受核武器及其控制权；不在领土安置、安装或部署核武器；不使用或威胁使用核武器；拥有核武器的国家应以不可逆转的方式彻底消除核武器。

美俄英法已明确表态抵制并拒绝加入条约，指责条约未考虑当前国际安全环境，可能造成国际社会两级分化，并可能损害核不扩散机制。中国外交部发言人表示，实现核裁军目标无法一蹴而就，必须遵守“维护全球战略稳定”和“各国安全不受减损”的原则；出于维护现有国际军控和裁军机制及坚持循序渐进核裁军原则的考虑，中国未参与条约谈判。

3. 条约法律作用有限，形式大于内容

激进无核武器国家在联合国框架下推动条约谈判，试图将核武器“非法化”，对核武器国家施加压力。由于核武器国家和其他相当数量的无核武器国家均未参与投票，条约不具有普遍性和权威性，只能作为签约国的准则规范，不构成法律约束。条约既解决不了核武器国家拥有和裁减核武器问题，也解决不了印巴以朝发展核武器问题。

此外，无核武器国家为尽快达成条约，刻意简化核查部分内容，仅简单套用国际原子能机构全面保障监督协定，而不是更加严格的全面保障监督协定“附加议定书”，缺乏有效的核查机制和核查条款，未规定详尽的核查措施和违约责任，不能解决禁止核武器所需的更为复杂的核查问题。条约旨在禁止核武器，而核武器国家均未参与，致使条约难以有效执行，形式大于内容。

4. 条约加剧无核武器国家与核武器国家间矛盾，动摇现有裁军机制及核不扩散体系

条约的达成在很大程度上反映了无核武器国家禁止核武器的强烈愿望，以及对现有核裁军机制的不满；但拥有核武器的国家发展或裁减核武器向来都是以国家安全利益为重，外部压力和干扰作用有限，无核武器国家与核武器国家间的斗

争难以避免。条约生效将进一步加深无核武器国家和核武器国家在核裁军问题上的对立，给推进核裁军带来新的问题。

条约开创了在日内瓦裁谈会框架外谈判核裁军条约的先例，改变了裁谈会的“协商一致”原则；以少数服从多数的方式在联大达成条约，违背了首届裁军特别联大确立的“各国安全不受减损”原则。《不扩散核武器条约》是目前核武器国家与无核武器国家唯一共同认可的核不扩散框架，对核武器国家和无核武器国家有明确的界定。由于“禁止核武器条约”混淆了五核国与印巴以朝等国在核武器地位上的本质区别，因此动摇了现有的以《不扩散核武器条约》为基础的核不扩散体系，否定了国际社会几十年来的防扩散努力。

5. 激进无核武器国家可能推动条约成为习惯国际法，需妥善应对

目前看，激进无核武器国家可能推动条约成为新的习惯国际法，从而在核武器国家不参加的情况下仍可从根本上否定其拥核合法性。五核国明确、公开、持续反对，是阻止该条约演变为习惯国际法的必要条件。

建议强化在五核国合作机制下的沟通协调，就条约相关法律问题保持沟通交流，共同声明反对，同时兼顾与广大发展中国家关系，审慎应对。

（中核战略规划研究总院

审查专家：黄国俊、李景、康力新、诸旭辉）

核技术应用篇

一、美国加强核技术应用于抗击新冠病毒

2020年3月18日，美国能源部科学办公室召开“科学应对新冠病毒”的会议。会议认为，能源部下属核领域国家实验室应利用广泛、先进的核技术和超级计算机等大型设施，在新冠病毒结构表征、流行病传播建模、有效化合物药物筛选、相关研究的协调等方面发挥积极作用。3月23日，美国总统特朗普宣布成立“新冠病毒高性能计算联盟”，要求能源部及其核领域国家实验室发挥重要作用。

1. 美国能源部具备生物安全防御的研究与技术基础

特朗普政府于2018年发布了美国首个全面解决各种生物威胁的系统性战略——《国家生物安全防御战略》，解释了美国政府应如何更有效地管理其活动，以评估、预防、发现、准备、应对和恢复生物威胁，并提出了5个目标：增强生物防御风险意识、提高生物防御单位防风险能力、做好生物防御准备工作、建立迅速响应机制和促进生物事件后恢复工作。

美国能源部基于多年在生命科学研究上的成就，成为执行《国家生物安全防御战略》的重要单位之一。能源部是“人类基因组计划”的倡导者（其前身是“人类基因组倡议”，由能源部1986年提出）和重要参与者，为包括与基因组相关的研究、生物分子的结构表征以及生物系统的计算模型等广泛科学研究提供资金和资源。这些研究也可用于促进能源部研究和开发传染病（包括冠状病毒引起的传染病）的诊断剂、治疗剂、疫苗。此外，能源部国家实验室在超级计算模拟、表征诊断等设施和技术方面具有得天独厚的优势，它们可用于美国抗击疫情的科学研究和药物研发。

2. 超级计算助推生物学建模和药理研究

美国的超级计算能力与资源世界领先，拥有100多台超级计算机以及众多大规模并行应用软件。得益于能源部多年来对“高性能计算计划”的强有力投入，其核领域国家实验室引领了世界高性能计算技术进步，助推美国在该领域的领先地位。在2019年11月公布的全球排名前十的超级计算机中，美国有5台，其中4台位于能源部核领域国家实验室，运算速率均超过每秒亿亿次，位列第一的“顶点”超级计算机，其浮点运算速度高达每秒14.35亿亿次。

2020年3月23日，美国总统特朗普宣布成立“新冠病毒高性能计算联盟”，旨在充分利用国内高性能计算资源来对抗新冠病毒。它将汇集16个超算系统，共提供最高每秒33亿亿次的超级计算能力，用于处理与生物信息学、流行病学、分子模型和医疗保健系统响应有关的大量计算，将数周或数月时间的复杂计算缩短至数小时或数天，以利于显著加快抗疫步伐。能源部是继白宫科学技术政策办公室之后的该联盟第二牵头单位，其下属的6个核领域国家实验室成为该联盟的重要参与单位。

此前，能源部已在充分利用其超级计算能力开展抗疫研究。例如，美国橡树岭国家实验室利用“顶点”超级计算机及其在人工智能方面的深厚专业知识，通过药物筛选模型快速筛查8 000多种药物化合物[①]，检测出77种可能用于抗击新冠病毒的有效药物，极大缩小了后期药物研发的筛选范围。洛斯阿拉莫斯国家实验室等还绘制新冠病毒感染图，并对其传播方式、传播速度和传播地点建模。

3. 先进诊断设施和技术精确表征病毒结构

为提高设施利用率，促进科研，能源部国家实验室将大部分重大科研设施定义为“用户设施”，对来自政府实验室、大学、企业和国际科学界的研究人员开放。

疫情爆发后，能源部进行协调，将其先进光源、先进光子源、国家电子显微镜中心等诊断型用户设施优先提供给生命科学领域，以合作开展新冠病毒相关研

① 或采用老药新用的策略，通常可以提高药物发现的成功率，并且大大缩短药物研发的时间周期。

究。生物与环境研究用的环境分子科学实验室和联合基因组研究所等的用户设施也将用于对新冠病毒的研究。

利用上述设施和先进技术，能源部核领域国家实验室已在参与新冠病毒研究上取得进展。例如，阿贡国家实验室利用高级蛋白质表征设施中表达①、纯化和结晶了病毒蛋白质②，然后在先进光源等设施利用高亮度 X 射线束③确定了病毒蛋白质的原子结构。研究结果表明，新冠病毒蛋白质结构与 SARS 病毒存在一定程度相似性，这为治疗 SARS 的药物可能用于抵抗新冠病毒提供了一定的理论依据。目前，阿贡国家实验室正在绘制新冠病毒的 3D 蛋白结构图，这或可用于治疗药物和疫苗的研发。

4. 小结

核科学技术具有综合性强、覆盖面广、多学科交叉等特点，能源部核领域国家实验室历来“注重科学领域的交叉点”，推动核技术广泛应用于人类健康和动物健康等领域。能源部国家实验室这种多学科交叉融合的能力、设施资源协调共享的机制，有力促进了美国抗击疫情的科学研究和药物研发。

除了美国之外，国际原子能机构也在推动核技术在生命科学、疫情防控等领域的应用。此次疫情期间，该机构向需求国家提供了诊断药盒、设备以及核源性检测技术（如实时逆转录—聚合酶链反应等进行病毒快速检测和表征）培训。

科学研究与技术研发具有滞后性，此次疫情的很多科学研究和药物研发都是建立在之前 SARS 病毒等的研究基础之上。核科学技术在医学上的应用已有几十年的历史，在疫情期间和之后如何加强其研究与应用值得思考。

（中核战略规划研究总院

审查专家：黄国俊、李景、康力新、诸旭辉）

---

① 新冠病毒的 RNA 基因序列已公布，病毒蛋白的复制、装配过程由其基因决定和表达。

② 非结构蛋白（它们不是病毒颗粒结构本身的一部分），参与病毒复制，或在病毒装配过程中发挥作用，是主要的药物靶点。

③ 高能的 X 射线，可照亮传统显微镜观察不到的病毒结构。

二、美国能源部国家实验室在医学领域的主要工作与成就

美国能源部国家实验室持续开展基础研究和应用研究，促成了许多医学上的重大技术突破，产生了良好的经济和社会效益。能源部国家实验室在医学领域开展的工作主要集中在医用同位素生产、医学诊断与药物、精准医疗等领域。

1. 医用同位素生产

放射性同位素是“曼哈顿计划”重要的副产品，可用于内脏器官的成像、损伤诊断、癌症治疗等。能源部国家实验室一直在医用同位素生产方面发挥关键作用。

（1）放射性示踪剂碳-14是劳伦斯伯克利国家实验室的回旋加速器生产的首批医用放射性同位素之一。该同位素的发现促进了生理学、地质学、生物化学、生物医学等领域的革命性发展。

（2）由布鲁克海文国家实验室首次合成的^{18}F-氟脱氧葡萄糖（^{18}F-FDG），可用于正电子发射断层扫描成像（PET）、新陈代谢活动评价和癌症检测。

（3）橡树岭国家实验室高通量同位素反应堆可生产用于伽马射线成像的硒-75、治疗前列腺癌的钨-188/铼-188，以及治疗宫颈癌与卵巢癌的锎-252等各种医用同位素。

（4）布鲁克海文国家实验室开发了锝-99发生器。示踪元素锝-99是医学上用途最广的放射性同位素，在全球每年有4 000万例应用，但由于其半衰期短，常以钼-99的形式贮存。

（5）用于甲状腺癌等甲状腺疾病治疗的碘-131是最老的医用同位素之一，最

初在劳伦斯伯克利国家实验室发现并制成。

(6) 最初在劳伦斯伯克利国家实验室的回旋加速器上生产的铊-201，可用于冠心病患者的压力测试。

能源部正在实施改进同位素生产方法、保障同位素供应的“同位素计划”。橡树岭国家实验室成立的国家同位素发展中心（NIDC）负责协调阿贡、布鲁克海文、爱达荷、洛斯阿拉莫斯、橡树岭、萨凡纳河及太平洋西北国家实验室等机构，利用反应堆、加速器及其他方法生产锕-225、锕-227、砹-211、铋-212、铋-213、钴-60、铜-67、锗-68、氦-3、锗-117、钼-100、铅-212、镭-223、硒-72、锶-82、锶-90、钍-227、钨-188、氙-129、镱-176、钇-86 等同位素，确保用于医学诊断和治疗的同位素供应。

2. 医学诊断与药物

美国能源部国家实验室发展了正电子发射计算机断层显像技术（PET-CT）、磁共振成像技术（MRI）、伽马成像技术、波前传感器技术、放射性药物示踪剂等成像和诊断工具，极大提高了疾病检测能力。

(1) 新型诊断工具

费米国家实验室拥有世界首个超导同步回旋加速器，加速质子的磁铁技术被广泛应用到医学诊断的成像装置中；橡树岭、布鲁克海文等国家实验室经过大量工作开发了 PET 成像技术；布鲁克海文国家实验室开发的^{18}F-FDG 是诊断癌症和评估癌症治疗最常用的放射性示踪剂；托马斯·杰斐逊国家加速器装置开发了分子乳腺成像技术（MBI）；基于激光在国防领域的应用研究，桑迪亚国家实验室发明了可以改善激光眼角膜手术病人预后的波前传感器技术，该技术还被用于国家航空航天局（NASA）的詹姆斯·韦伯太空望远镜；劳伦斯利弗莫尔国家实验室发明的新型数字化液滴聚合酶链反应技术（PCR），被认为是目前最精确的遗传分析方法，已成为诊断和监测遗传疾病和传染病、刑事司法鉴定、DNA 亲子鉴定和 DNA/基因克隆研究不可或缺的工具。

(2) 癌症治疗

阿贡国家实验室先进光子源装置的相关研究，促成了治疗皮肤癌的药物 Zelboraf的开发；国家实验室生产的锕-225是一种潜在的治疗粒细胞白血病和其他癌症的药物；橡树岭国家实验室生产的镭-227已得到美国食品药品监督管理局（FDA）批准，用于治疗转移性前列腺癌；费米国家加速器实验室设计并建造了美国首个医院内质子治疗同步加速器，用于肺癌、胰腺癌和脊柱癌等多种癌症的治疗；国家能源技术实验室开发的铂铬合金被用于新型冠状动脉支架，该技术避免了小冠状动脉手术，降低了截肢风险。

3. 精准医疗

在精准医疗方面，劳伦斯利弗莫尔实验室开发的染色体着色技术可显著提高分子诊断水平，已成为基于基因组学诊断癌症和遗传疾病的标准做法；布鲁克海文国家实验室开发了可在细菌细胞内生产蛋白质的T7蛋白质表达系统，用于基础生物医学研究及医学诊断和治疗；艾姆斯实验室发明了用于绘制人类基因组图谱的多重毛细管电泳技术，可以快速、定量分析单个红细胞的化学成分，已成为DNA测序的标准分析工具；劳伦斯伯克利实验室开发了用于生物制药、临床、环境、食品和司法鉴定的M3发射器；橡树岭实验室的芯片实验室开发的微流体技术可加速DNA分析，在医学诊断、制造、生物医学研究、个性化医疗和体外诊断应用领域获得了广泛应用。

4. 未来发展

能源部国家实验室开发的许多技术尚未进入商业领域。例如，洛斯阿拉莫斯国家实验室开发的获得性免疫缺陷综合征（HIV）疫苗预计于2021年取得成果，正在研究的通用细菌传感器有望成为用于传染病早期发现的便携式诊断工具；劳伦斯利弗莫尔、阿贡等机构正在合作开发新型药物发现平台，用于候选药物的快速设计和识别；利用2021年开始在能源部安装的百亿亿次级计算机和深度学习技术，能源部和美国国家癌症研究所将开发分布式癌症学习环境，提高对癌症的认识和治疗水平；斯坦福直线加速器中心和斯坦福大学联合开发的“闪现”放射疗法有望减少癌症放射治疗的毒副作用；桑迪亚实验室和加州大学洛杉矶分校合作开展探索病毒感染的基因组编辑研究，可以更好地检测和治疗乳腺癌与其他潜在癌症。

5. 小结

能源部国家实验室在医学领域的研究与成果已经取得了显著的健康效益、经济效益和科学效益。

2 500 万患者的健康因能源部国家实验室的研究成果获益。FDG-PET 扫描每年已达到 180 万次，25 万患者用 MBI 技术进行了疾病筛查，1 500 万人已接受波前引导激光眼角膜手术，2 万以上的黑色素瘤患者接受了 Zelboraf 治疗，800 万个铂铬合金支架已植入全球心脏病患者体内。

源自能源部国家实验室的相关产品和技术已在美国创造数十亿美元的经济价值。2010 年，^{18}F-FDG 示踪剂的销售额为 2.99 亿美元；2018 年，PCR 仪器销售额为 6.43 亿美元；铂铬合金支架的销售额已超过 40 亿美元；劳伦斯利弗莫尔的荧光原位杂交技术总销售额为 10 亿美元；T7 蛋白质表达技术许可证的授权使用费达到 720 万美元；多重毛细管电泳技术许可证的授权使用费达到 1 400 万美元。

造就了一批塑造人类未来的知识成果。能源部国家实验室在核医学领域已累计获得美国国家科学奖章、诺贝尔奖、“百强研发”奖（9 项）、最佳新药奖等科学成就。同位素生产、核医学诊断与核药物、精准医疗等领域已产生并销售 800 多个专利许可，相关科学发现的期刊引用达 20 万次以上，为人类基因组项目（HGP）提供了巨大支持。

（中核战略规划研究总院

审查专家：黄国俊、李景、康力新、诸旭辉）

三、国外^{99}Mo生产制备技术发展动态

钼-99（^{99}Mo）的衰变子体核素锝-99m（^{99m}Tc）作为核医学中应用最为广泛的放射性同位素，是癌症、心脏疾病、神经系统等疾病诊断和治疗的有效手段。据统计，全球每年使用^{99m}Tc进行医学诊断约有4 000万次，约占所有医用放射性同位素使用量的80%、核医学诊断成像使用量的85%，全球市场每年约55亿美元。其中，40%由加拿大的MDS Nordion供应，25%由荷兰的Mallinckrodt供应，17%由比利时的IRE供应，10%由南非的NTP供应。

1. 全球^{99}Mo/^{99m}Tc的需求将保持稳定增长

2019年11月，OECD/NEA发布的《^{99}Mo/^{99m}Tc市场需求及产能预测2019—2024》报告指出，2019年全球^{99}Mo/^{99m}Tc需求有所增加，每周约为9 500六日居里（六日居里是指^{99}Mo离开生产设施六天后的剩余的放射性活度）。其中，发达国家市场占全球^{99}Mo/^{99m}Tc需求的84%，发展中国家市场占16%。预计到2023年，发达国家市场对^{99}Mo/^{99m}Tc的需求年增长率为0.5%，发展中国家市场对^{99}Mo/^{99m}Tc的需求年增长率为5%。

2. ^{99}Mo的主要生产制备方式

目前，^{99}Mo可采用反应堆和加速器来生产制备。其中，反应堆生产^{99}Mo占全球供应量的90%以上，主要由荷兰的HFR、比利时的BR-2、波兰的Maria、南非的Safari-1、澳大利亚的Opal和捷克的LWR-15等6座反应堆生产供应。但传统的反应堆生产方法存在工艺复杂、长距离运输损失以及核扩散风险等弊端，同时由于停堆事件频发以及现有生产供应反应堆老化退役等问题，市场出现供不

应求的现象。近年来，世界主要国家加大了非高浓铀产^{99}Mo/^{99m}Tc技术的研发投入，并取得了重要进展。

在反应堆产^{99}Mo技术方面，主要包括高浓铀裂变法、低浓铀裂变法以及中子活化法。其中。最常用和有效的是利用研究堆中高浓铀裂法（2016年达到75%），但存在潜在的核扩散风险。因此，低浓铀裂变法是主要发展方向之一，并取得重要进展。BR-2于2020年5月4日实现了低浓铀靶生产^{99}Mo，此前Opal、Safari-1、Maria等研究堆也已实现，未来将有更多的研究堆完成低浓铀生产改造。虽然该方法在生产成本提高了20%，但对医学成像而言，^{99}Mo成本仅占整个治疗成本很小一部分。此外，中子活化法也取得了重大进展，加拿大安大略电力公司及其合作公司于2020年9月24日对外表示，达灵顿核电厂将是首个生产^{99}Mo的大型核电厂，目前已设计建造了相关专用工具。该方法主要通过在研究堆或CANDU、RBMK等压力管反应堆中辐照高纯^{98}Mo靶生产^{99}Mo，生产的高放废物较少，但生产的^{99}Mo比活度较低（约为74×10^{9}贝可每克），远低于高浓铀裂变法（可达185×10^{12}贝可每克以上）。

在加速器产^{99}Mo技术方面，主要包括加速器驱动裂变法^{235}U（n，f）^{99}Mo、加速器驱动光子诱导法^{100}Mo（γ，n）^{99}Mo等。此外，采用回旋加速器质子反应法^{100}Mo（p，2n）^{99m}Tc，可直接生产^{99m}Tc。与现有的高浓铀裂变法相比，加速器产^{99}Mo/^{99m}Tc技术在经济成本、废物管理等方面存在一定优势，但目前尚未完全成熟，主要在加速器建造、制靶工艺、^{99}Mo分离提取以及放射性废物处理等方面仍存在难题。美国、加拿大等国为此开展了一系列研究，并取得重要进展，部分技术方案即将投入商业应用。

3. 加速器产^{99}Mo技术的最新进展

美国为在国内建设一个冗余的、可靠的且不使用高浓铀生产^{99}Mo的供应体系，美国核工军工管理局（NNSA）从2010年开始，多次与夏因医疗技术公司、北极星公司、Niowave公司等美国企业签署合作协议，为加速器产^{99}Mo技术研究提供资助。在2020财政年度，美国国会就为此拨款了3 500万美元。其中，美国夏因医疗技术公司在加速器驱动裂变法方面走在国际前列，于2019年5月在威斯康星州开始建造该技术的相关设施，美国国家核安全管理局为此提供了

2 500万美元资金支持。预计该设施正式投入运行后，每周产量将达到4 000六日居里，最高可达8 000六日居里，到2025年将满足全球40％～50％的市场需求。

4. 小结

由于当前非高浓铀产^{99}Mo技术在全球供应上无法满足美国患者的需求，美国已推迟武器等级铀出口许可禁令两年，以保障^{99}Mo正常的供应。高浓铀裂变法仍是当下最有效、最经济的方案。但随着研究堆低浓铀产^{99}Mo工作的深入推进，低浓铀裂变法将逐步替代高浓铀裂变法，成为^{99}Mo生产供应的主要方式之一。同时，考虑到现有生产反应堆的老化退役、新建反应堆所需的建造周期与花费投入以及加速器产^{99}Mo/^{99m}Tc等新型技术的不断发展，未来基于加速器产^{99}Mo/^{99m}Tc可作为一种补充手段，为更有效应对未来全球供应^{99}Mo/^{99m}Tc短缺问题提供支撑。

（中国原子能科学研究院
审查专家：罗志福、尹忠红）

四、德国激光等离子加速器创新纪录

2020 年 8 月，德国电子同步加速器研究所（DESY）的研究团队在通往未来粒子加速器的道路上达到了一个重要的里程碑，其研制的激光等离子体加速器 LUX 连续不断产生电子束的时间首次超过一整天并持续产生电子束达 30 小时，创造了新的世界纪录。

1. 激光等离子体加速器的应用前景

激光等离子体加速器是近几十年来在世界范围内兴起的一种新型加速器，被认为是下一代粒子加速器的理想选项。这种加速器突破了传统加速器向更高能量发展的巨大瓶颈，将加速梯度提高上千倍，使人类以更高能量的粒子为探针探索未知世界成为可能，具有广阔的应用前景。它不仅有望推动前沿物理学进步，而且在材料科学、化学、生物学和医疗等领域也有着广泛的应用。

2. 激光等离子体加速器的加速机制

与大型对撞机等传统的粒子加速器相比，激光等离子体加速器对粒子加速的方式完全不同。它采用最新加速机制，激光脉冲以狭窄的圆盘形式穿过气体，在此过程中，将电子从氢分子中剥离，紧随脉冲后的电子会被位于其前方带正电的等离子波加速。这就是激光等离子加速器获得的加速梯度比现今最强加速器高 1 000 倍的原因。

3. 德国 LUX 的性能参数与比较优势

德国激光等离子体加速器 LUX（见图 6）的激光源以 42 飞秒半峰宽脉冲长度在目标靶上提供了 2 焦耳（±1.8%均方根值）的脉冲能量（压缩前是 3.5 焦

耳)，以1赫兹重复频率提供48太瓦峰值功率。激光聚焦到半高宽为25微米大小的光斑上，使用2米焦距离轴抛物镜聚焦到等离子体靶上。

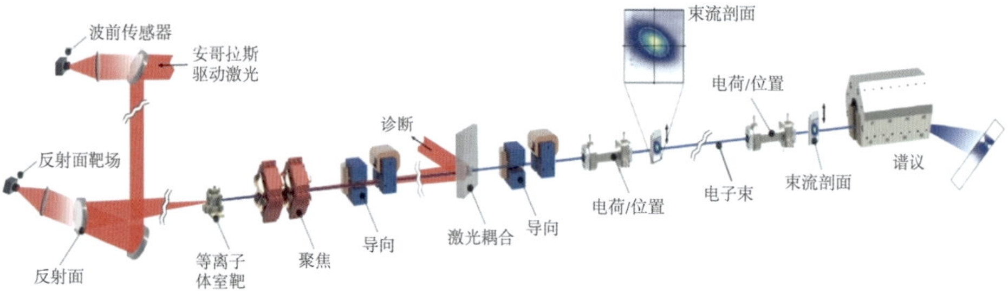

图6 勒克斯加速器示意图

等离子体靶是用蓝宝石晶体加工的。一个边长为500微米正方形通道连续地从两个独立的质量流量控制入口充入氢气，以形成一个电子密度为2.7×10^{18}/立方厘米的4毫米的等离子体密度平台。进口处气体的压力分别为55.5毫巴和56.5毫巴。第一个进气口掺杂氮（浓度高达3%），激光电离掺氮的氢气后会形成等离子体，并加速其中的电子到368兆电子伏特的能量。

相较于传统射频加速器，激光等离子体加速器可以在更短的距离内将粒子束加速到高能。传统射频加速器是由射频腔完成粒子加速的，其加速电场最大可以达到每米两千万伏；而由激光脉冲产生的等离子体波中的电场强度则可以达到每米一千亿伏。德国的激光等离子体加速器更是将距离缩短到了几毫米（见图7），这要比美国激光等离子体加速器报道的长度在厘米量级的等离子体管中的距离还要短。

图7 LUX等离子体单元（位于白色装片的中心）

注：电子被加速的地方，只有几毫米长。

4. 新纪录推动等离子体加速器迈向实际应用

此次连续运行 30 小时的新纪录使人类离这种创新型粒子加速器的稳定运行又靠近了一大步。在破纪录的不间断运行中，加速器每秒能加速 100 000 多个电子束。有了这么庞大的数据集，科学家可以对加速器、激光器和光束的特性开展更精确地关联和分析。另外，其在 30 小时长时间的运行下被重复运行了三次，这表明该激光等离子体加速器可以形成可重复且可控制的输出。这为进一步开发这项技术，从而为在 DESY 及其他地方打造未来基于加速器的光源，提供了坚实的基础。

DESY 加速器部门的 Wim Leemans 认为，激光等离子体加速器从实验室走向实际应用的时机已经成熟。研究团队同时也强调，在将这些设备投入实际使用之前，仍有许多技术挑战需要克服。但由于他们已经能够操控运行电子束线更长时间，这使得他们能更好地应对这些挑战。

（中国原子能科学研究院
审查专家：安世忠、尹忠红）

五、美国开发出可装入口袋的小型中子半导体探测器

2020 年 1 月 15 日，美国西北大学与阿贡国家实验室的研究人员在《自然》发表研究报告，称其发现一种新型半导体材料 $LiInP_2Se_6$（见图 8），并开发出可装入口袋的小型中子半导体探测器。这种探测器高效且稳定，既可用于超大型探测设备，也可用于现场检查的便携式设备。该探测器在国家安全、核能、医学、天文等领域具有广阔的应用前景。

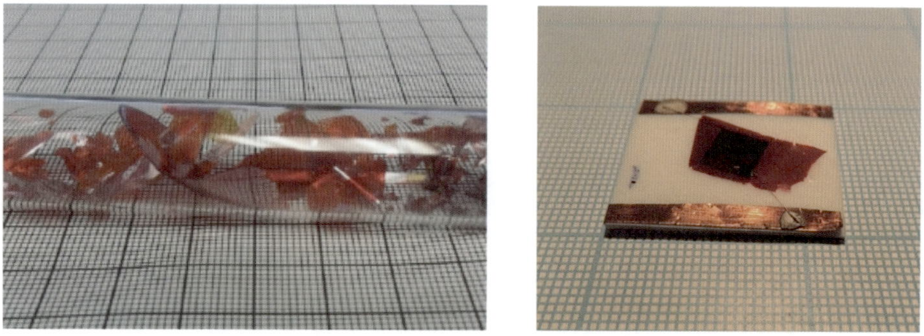

图 8　$LiInP_2Se_6$ 片状晶体（左）与探测器（右）

中子与大多数物质发生相互作用的概率较低，只有氦-3、硼-10 以及锂-6 核素具有较高的中子俘获截面，且其反应产物易被探测。其中 ^6Li-n 反应的能量高于硼-10 和氦-3，意味着用锂-6 探测中子可以产生更强且噪声更小的信号。目前广泛使用的中子探测器主要有两种类型——气体探测器和闪烁体探测器。与这两种探测器相比，半导体探测器体积更小，在某些方面更具有优势，是目前的研究重点。此次研发的半导体材料 $LiInP_2Se_6$ 是一种由锂、铟、磷、硒组合而成的化

合物，其中锂-6 的富集度达到 95%。该材料具有良好的热中子俘获截面、合适的带隙以及能带结构，在 $LiInP_2Se_6$ 化合物合成以及保持其稳定性上取得了重大的突破，并且可以直接检测热中子。

由该材料制成的中子半导体探测器与传统中子探测器相比具有以下三个特点：一是具有特殊的晶体结构，针对锂遇水会产生碎裂这一现象，为保持锂的稳定性，该半导体材料采用特殊的晶体结构，锂位于金属层内部，水无法到达（见图 9）；二是具有更高的灵敏度，该半导体探测器能够将中子事件直接转换为可检测的电荷，并且在同一半导体介质中收集这些电荷（无需闪烁过程），可快速从非常弱的放射源中检测出热中子，并具有中子与伽马或其他粒子的分辨能力；三是具有更小的体积，该半导体材料中含有大量的锂-6，因此与其他探测器材料相比，相同体积的 $LiInP_2Se_6$ 具有更高的中子俘获概率，使得利用该材料制成的探测器体积可以非常小。

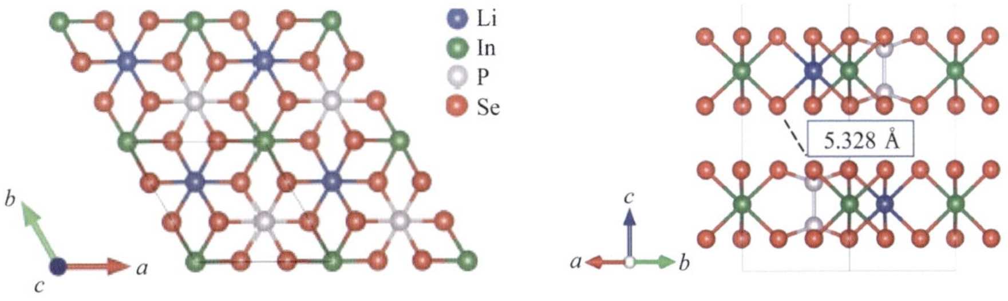

图 9　$LiInP_2Se_6$ 的晶体结构图

由 $LiInP_2Se_6$ 制造的探测器是目前唯一可在室温下通过材料本身含有的锂-6 对热中子进行直接测量的半导体探测器。在经慢化的 Pu-Be 源环境下，该探测器可在本底中直接分辨出明确的中子全能峰；在 $^{241}Am\alpha$ 源环境下，二维 $LiInP_2Se_6$ 探测器测量得到的 α 全能峰的能量分辨率为 13.9%。该探测器具有出色的半导体性能与响应，未来可通过制造更大的探测器单晶材料来实现中子探测效率的提升。

在过去二十年中，随着氦-3 库存大量减少，价格逐渐攀升，寻找可以代替氦-3 正比计数器的技术越来越受重视。但到目前尚未发现可广泛替代氦-3 正比计数器的新技术。一直以来，用于中子探测的半导体材料制造困难且价格昂贵，导致中子探测半导体材料缺乏，严重制约了中子半导体探测器的发展。该新型半导体材料的出现有望打破这一困局，使得半导体探测器取代氦-3正比计数器成为可能，有助于推动中子半导体探测器技术的发展。

（中国原子能科学研究院
审查专家：何高魁、尹忠红）

六、国外氚电池的开发现状与军用前景

氚材料可制成β辐射伏特效应电池，具有安全性好、使用寿命长等特点，纳瓦级氚电池在生物医疗设备等领域广泛应用。氚电池还具有提升到微瓦级、瓦级的潜力，并具有军事领域应用的前景。

1. 原理和特点

β辐射伏特效应（Betavoltaic）电池利用半导体换能材料将同位素衰变产生的β粒子直接转换成电流，不同于钚-238放射性同位素电池等采用的热电转换。最有前景用于这类电池的同位素包括锶-90、镍-63和氚。这三种同位素都具有β放射性，几乎不会产生伽马射线，易于屏蔽；且半衰期较长（氚的半衰期为12.33年），电池将具有较长的寿命。锶-90和镍-63的β辐射伏特效应电池技术尚未成熟。氚电池已经实现商业化，应用于如紧急出口指示灯、枪炮瞄准装置、生物医疗设备等，功率一般仅为纳瓦级到微瓦级。瓦级功率的氚电池还在研制阶段。

2. 纳瓦和微瓦电池

美国多家公司已推出纳瓦氚电池产品，正在开发微瓦级电池。

Citylab公司2012年推出商业产品氚电池，功率在10～100纳瓦，电池转换效率达10%。该公司目前正在开发下一代能够提供50～100微瓦的氚电池。

Widetronix公司也出售氚电池及集成氚电池的电子产品。其采用含氚的金属箔和碳化硅半导体薄片制成，装入了初始运行需要2倍的氚材料，因此可以运行25年，电池转换效率可以达20%以上。Widetronix公司认为，调整金属箔和碳化硅材料堆叠尺寸和厚度，其输出功率可达到1微瓦。

Widetronix公司近年来和洛马公司合作，探索将氚电池用于国防领域。洛马公司按照军事指标对25纳瓦的电池进行测试，认为该电池有可能用于军事装备的防篡改产品。美国军事装备都有防篡改保护系统。有了这种系统，导弹、飞机等装备被人获得后，很难对其进行反向工程。防篡改系统存储芯片需要长时间连续的低功率供电，耐受极端环境，包括温度－65～150摄氏度、高频率振动、高湿度等。

Widetronix公司还设想将氚电池产品用于极冷极热环境偏远军事用途传感器的电源和军事装备监督。洛马公司还在和Widetronix公司合作开发微瓦电池，设想用于偏远地区导弹的自动化监督。

3. 瓦级电池

瓦级氚电池可代替普通化学电池，具有重量小、寿命长等优势，可用于更多军民领域。

美国国防部国防科学委员会2013年发布的《2030年保持领先的技术与创新》报告将放射性同位素电池作为美军21世纪重点开发的技术之一。报告认为，步行作战人员使用放射性同位素电源可消除对小型化学电池需求，显著降低作战士兵携带的重量，降低军队能源供给的负担。目前海外作战的部分美军士兵需携带近15千克的电池以保证无线电和传感器的使用，在炎热夏季增加了致命性中暑的风险。此类电池还可用于偏远地区的传感器站点，无需充电。但放射性同位素电池的战场使用存在意外泄漏的风险，因此还需要开展大量评估和测试等工作。

美国已有两种此类α或β辐射伏特效应电池的设计，其尺寸重量接近一号电池（D型电池）大小，输出功率为1～5瓦，一种由洛斯阿拉莫斯国家实验室和美国国家航天局开发，另一种由麻省理工学院的士兵纳米技术研究所开发。美国陆军研究实验室已经开发了原型氚电池，尺寸与美国陆军BA-5590型锂/二氧化硫电池组（约11厘米×13厘米×6厘米）相当，接头相同，寿命可达13年。

4. 小结

氚材料可制成β辐射伏特效应电池，具有紧凑轻便、安全性强、使用寿命长等优势，纳瓦、微瓦、瓦级氚电池在武器装备防篡改、军事监督系统、陆军作战装备等方面有军用前景。美国科研机构和私营企业已开展相关研究开发。随着新型半导体材料的开发，氚电池的转化效率等性能会有所改善，此类电池会具有更好的军用前景。

氚电池的大量使用仍存在放射性材料安全安保、废物处置等关切，需在研发中解决相关技术问题。

（中核战略规划研究总院

审查专家：黄国俊、李景、康力新、诸旭辉）